もう一人で悩まない!!

よみうり
子育て応援団

読売新聞大阪本社
生活情報部　編

ミネルヴァ書房

はじめに

編集局のスタッフと、読者との交流をふやすための紙面企画について議論している時でした。一人の女性編集委員がなにげなく「そういえば最近、インターネットでは育児に関する質問がとてもふえていますよ」と言いました。くらしのページなどで育児に関する記事が載ると、感想や質問がたくさん寄せられるというのです。

育児ノイローゼなど、若いお母さんたちが悩みを抱えていることは、紙面でもしばしば紹介されています。時には現実に、幼児虐待などの痛ましい事故や事件も起きています。また出産・育児と仕事の両立は、若い夫婦はもちろん、企業にとっても重要なテーマとなっています。

みんな相談相手がほしい。でも、若夫婦の核家族では、おじいさんやおばあさんに面倒をみてもらうわけにはいきません。三世代同居の場合でも、意見が合わずにお互いイライラが募ることが多いようです。自治体には相談窓口がありますが、赤ちゃんを家に置いて出かけるわけにもいかない。マンションの部屋で一日中子どもと向き合ったまま悩んでいる。だからネットでのやり取りに救いを求めるのだ、というのが女性編集委員の説明でした。

——だったら我々が、直接悩みごとの相談を受ける場を作ろう。またその内容を紙面でも紹介して、同じ悩みを持つ人たちに参考にしてもらうようにしようじゃないか。

——相談会に安心して子連れで参加してもらうには、こちらが会場で子どもを預かるようにする必要がありますね。

——相談相手には育児の専門家や子育て経験のある著名人に参加を求めよう。その人たちに応援団になってもらい、手分けして全国各地に出向いてもらうのがいいのでは。

——パネリストが壇上で語り合うだけの一方通行ではなく、一人ひとりの悩みと向き合う「相談トーク」にしたらどうでしょう。

こうして誕生したユニークな育児相談会が「よみうり子育て応援団」です。2001年秋のことでした。ちょうど読売新聞大阪本社は翌年(2002年11月)に大阪発刊50周年を迎えることになっていました。その節目に何か社会の役に立つ記念事業を創設したいという思いも込めて、全社的なプロジェクトとして取り組むことになりました。

小児科のお医者さん、保育の専門家、発達心理学などの研究者、育児経験のある各界の著名人などに協力を仰いだところ、早速三十余人の方々から快諾をいただき、「応援団」の創設にこぎつけることができました。国立小児病院の小林登・名誉院長らを迎えて大阪でスタートした「応援団」は、その後、東京、西部の両本社の協力も得て、全国各地で開催を続けています。

どの会場もいっぱいです。はじめの頃は若いお母さんがほとんどでしたが、最近はお父さんの姿もふえてきました。おじいさん、おばあさんの参加も目立つようになりました。子育てへの関心が、男女を問わず、また世代を超えて、社会全体に共有されるようになってきたことが感じられます。

お子さんを預かるのは、新聞社のスタッフだけでは無理ですから、各地域ごとに地元の自治体やボランティア団体にお願いして、専門の保育士さんたちにも協力していただいています。私たちの「応援団」自身も多くの人たちに応援してもらっているのです。子育てが、社会全体、みんなで支え合う時代になったことを感じさせられます。

会場で寄せられる悩みの内容はさまざまですが、多くは、育児経験がある人ならだれもが体験するものです。「質問を聞いて、悩んでいるのは自分だけじゃないとわかって安心しました。参加してよかった」という声がたくさん聞かれます。「応援団」の合言葉は「もう一人で悩まない」です。会場でいっしょに人の悩みを聞くことも、悩み解決法の一つでもあるようです。

もちろん、会場に行きたくても参加できない方が多いでしょう。私たちもまた、「応援団」を開催してほしいという各地の要望にすべて応ずるわけにもいきません。そこで、これまでの「応援団」の記録を一冊の本にまとめ、参加できない方たちの参考にしていただきたいと考えて編んだのが本書です。

幸い、「応援団」の活動に注目してくれていたミネルヴァ書房の協力を得ることができ、出版にこぎつけることができました。担当の堺由美子さんに心から感謝します。本書が一人でも多くの子どもたちの、すこやかな成長の支えになってくれることを祈っています。

読売新聞大阪本社代表取締役社長
老川　祥一

目次

2章　夫と妻の関係　父親としてのかかわり

7章　本の楽しみ・好奇心の芽……169

資料編

本書は、大阪本社をはじめ、東京本社、西部本社の各部局がオール読売で取り組み全国展開している「よみうり子育て応援団」相談トークの報告特集や、相談トークに先立って大阪本社版「くらし」面で掲載した連載、読者のお便り特集などをまとめたものです。相談トークは２００１年11月23日の第1回から、２００６年9月2日の第29回までの中から、11回分を掲載しています。講師の方のほか、連載に登場する方々の肩書などは当時のままですが、記事中のデータを一部、新しい数字に書き換えるなど加筆修正しました。なお、本文中に掲載の写真は本文内容と直接関係のないことをお断りしておきます。

■イラスト＝石坂啓／写真＝読売新聞社

序章

子育てをとりまく環境

――よみうり子育て応援団にできること

恵泉女学園大学大学院教授　大日向雅美

◇子育て支援はブームだけれど

子育てを社会全体で応援しようという気運は、かつてないほど高まっています。急速に進む少子化対策の一環として、国や自治体は子育て支援を重点施策の一つに掲げていますし、新聞、テレビなどのメディアも、連日のように子育て関連の記事を掲載し、多岐にわたる情報を伝えています。しかし、社会の変化は遅々としているため、人々が本当に産みたいと望み、子どもとの生活に喜びを見出せる社会になっているとは言えません。

私は育児に悩む母親の存在がクローズアップされた１９７０年代初めのコインロッカー・ベビー事件以来、母親の育児不安や育児ストレスについて研究を続けていますが、かつては子育てに悩み、ときに疲れ果ててストレスを強める母親に対して「母性本能に恵まれている女性が育児を悩むなどということはあり得ない。お腹を痛めたわが子が可愛く思えない母親は母性を喪失した異常な女性だ」と言われて切り捨てられていました。子育ては母親一人で担うには荷が重いにもかかわらず、母性を理由に母親に孤軍奮闘を求めていたのです。こうした状況に追い込まれた母親たちの苦悩を間近に見て、子育て支援の必要性を心から願っていましたので、昨今の子育て支援の高まりはとても嬉しく、隔世の感がします。

しかし、母親たちの子育てのつらさは30年ほど前とあまり変わりがなく、かえって子育てが難しくなっていると思われてなりません。子育て支援はブーム化しても、必ずしも必要な支援が親と子のもとに届いていないことに加えて、子育て支援に対する人々の関心が高まれば高まるほど、逆に支援を疑問視する風潮も一部に強まっているからです。たとえば「昔はもっと大変な環境下で母親たちは懸命に子育てに励み、頑張ってきた。子育て支援は親を甘やかすばかりで、かえって親をだめにする」「子育ての知識も親としての自覚も足りない親が増えている。だめな親を教育し直すことの方が先だ」等々の声が最近増えています。こうして親に注がれる眼差しの厳しさが増す中で、理想的な育児をしなくては、と思いつめたような表情の母親たちに出会う機会も増えています。

なぜ母親批判が強まるのか？

子育て支援の必要性が認められるようになった一方で、親批判、とりわけ母親批判がなぜ再燃しているのでしょうか？　その理由は、子育てや母親のあり方は時代や社会状況に応じて変化していくのに、自身の生い立ちや子育ての経験を唯一無二のものと考えてしまうからでしょう。子育て支援の動きを一時的なブームに終わらせることなく、息長い活動に展開させるために、どのような子育て支援が必要なのかについて改めて考えるべき時を迎えています。〝今どきの母親〟批判の声に反証する形で、今の子育ての実態を見ていきたいと思います。

昔の子育てはもっと大変だったのに⁉

「今は子育ても生活も非常に便利で楽になっているのに、なぜ育児がつらいのか？　昔の母親はもっと厳しい環境下でも子育てを喜びとしていたのに」という言葉は、今の母親を批判する人々が最もよく口にする言葉の一つです。ある意味で的を射た指摘と言えなくもありません。昔は家事も育児も不便で、きつかったことでしょう。それに比べて、今は家事も電化が進み、育児用品も便利なものが出回っていますし、核家族が一般的となって、家事量も格段に減っています。しかし、その一方で今の母親が子育てに際して背負っている心身の負担は、昔とは異なる大変さがあるのです。

農業・漁業が日本の産業の大半を占めていた昭和初期くらいまでを考えても、子育ては母親一人の仕事ではありませんでした。若い嫁は貴重な労働力として、早朝から田畑や海辺に出て働いていました。代わって子育ては家族の皆で分かちあい、さらには村落共同体で子どもを見守る仕組みが暗黙のうちに成り立っていました。子育てや教育の目標もシンプルで明快でした。子どもは健康な労働力となって、将来、家を継ぎ、田畑と墓を守ってくれれば、それ以上は望まないという家庭が大半だったのです。

・専業主婦の「孤育て」

一方、今は子育ての大半を母親一人で担うのが一般的です。

そうした中、とりわけ在宅で子育てをしている専業主婦は、孤軍奮闘の子育てを余儀なくされています。例えば子どもがハイハイを始めてから数か月は、目も離せないほど世話に追われ、新聞に目を通す暇もありません。「トイレは一人で入りたい」「たまにはゆっくりと湯船につかってみたい」「せめて食事は椅子に座って食べたい」等々の声に、一時期のこととはいえ、いかにゆとりを奪われているかが察せられます。

大家族の嫁として厳しい舅《しゅうと》姑《しゅうとめ》の監視下、過酷な農作業と家事に追われていたかつての母親の苦労に比べれば、今の若い母親の願いは贅沢に映るかも知れません。しかし、一日の仕事を終えて、床に入る時だけ姑からわが子を返してもらい、胸に抱いて寝る時間が至福のひと時だったと語る年配女性に対して、「昔の母親は寝る時だけ子どもを抱いたのでしょうか。私は一日中、泣きぐずるこの子を抱き続けて、もう腕が上がらない。放り出したい」と溜息をついていた若い母親の姿が忘れられません。

片言しか話さない乳幼児と一日、家に閉じこもっていると、「失語症になりそう」「脳から言語が消えていくみたい」と訴える母親も少なくありません。子育ての悩みや不安を聴いてもらい、語り合える話し相手が欲しいという願いは切実ですが、小さい子どもがいると行動範囲も限られます。子どもを寝かせた後、深夜に顔の見えない相手に向かって、パソコンのキーを叩く母親が増えています。孤独から逃れようと、友人を求めて必要以上の苦労をし、せっかくできた友だちはなんとしてでも離してはならないとばかりに無理な付き合いを続けて、結果的にさらに心の疲労度を強めている母親も少なくありません。

もっとも、子育て期の苦労は一時期のことです。やがて子どもは手元を離れ、自立していきますが、その時の自分の生活に思いを馳せた時、そこに自分の居場所がないという不安にも苛まれるのです。子育てのために数年間のブランクが続くと、元の職場に戻れないばかりか、社会のどこにも迎え入れてくれる場所が見つからないというやるせない思いを「出口のないトンネルをさまよっているみたい」と訴える声は専業主婦の孤独と閉塞感を象徴しています。

こうした生活環境に置かれて、子どもの成長だけが生き甲斐となり、自身の通信簿であるかのように思いつめざるを得なくなっています。子どもの育ちは母親の教育次第という世論のプレッシャーも受けて、過度の早期教育や受験競争に過熱する傾向も、年々強まっています。

今の母親は子育ての大切さを忘れて、外で働くことばかり考えている⁉

・働く母親の悩み

「今の女性はキャリアを追求したり、自己実現ばかり考えて、子どもを産み育てる大切さを忘れている」という批判は、急速に進行する少子化を憂える人々がしばしば口にする言葉です。最近の少子化の原因の一つが晩婚・晩産にあることは事実で、その要因に女性の就労があることは否めません。しかし、女性たちは結婚や子育てに決して否定的ではありません。むしろ望んでいると言ってよいでしょう。しかし同時に仕事や社会的活動も望んでいるのです。出産後も仕事は続けたい。育児中は仕事を減らしても辞めたくないと言っています。しかし、育児と仕事との両立が難しいのが現実で、7割近い女性が出産を契機に職場を去っています。子どもが生まれたら一定期間は育児に専念することを望んで、自ら仕事を辞める選択をする女性も少なくありませんが、いざ育児に専念する生活に入ると孤独に苛まれ、その後の社会復帰もままならない状況は前述の通りです。こうした状況下では産みたくても産めないと言います。

一方、働き続けている母親も、専業主婦の母親とは異なった大変さに直面していますが、やはり時間がないという点では共通です。共働きであっても、夫の家事育児参加状況は専業主婦の夫と大差ないのが実態だからです。保育園の登園は夫が分担してくれても、迎えは母親が担っている家庭が大半です。共働き家庭にとって深刻なのは、子どもが病気になった時の対応です。保育中に発熱したという電話を受けたり、昨日まで元気だったのに、朝起きたら発熱している、あるいは、はしかや水疱瘡等の法定伝染病に罹患して数日間は保育園に預けることができなくなる等は、しばしばです。保育園への迎えの時間を焦り、子どもが病気になると早退や欠勤せざるを得ないことが重なって、職場に対する気兼ねもひとしおだと、働く母親は異口同音に訴えています。それでも保育園時代は正規職員として働くことができても、小学校に入学してからがさらに大変です。放課後対策が不十分な地域も多く、また誘拐など幼い子どもを対象とした犯罪も増えている昨今では、子どもの送迎の必要もあって、子どもが小学生になってから仕事を辞めたり、時間調整が可能なパートタイマーへ転職する母親も増えています。

加えて働く母親を悩ませているのは、「小さい時に母親が働くのは子どもにかわいそう。乳幼児期は母親が育児に専念すべきなのに、母親がそばにいないことで、子どもの成長発達に支障をきたすのではないか」という、いわゆる三歳児神話のプレッシャーです。「三歳児神話は合理的根拠がない」と１９９８年版厚生白書に記載されて話題となりましたが、人々の心から消えることはなかなか難しいのでしょう。周囲からの批判だけでなく、母親自身の内なる声として、働き続けることに罪悪感を抱き、子どもに何か問題が起きると、真の原因は別のところにある場合でも、母親が自分自身を責めて悩む状況は今も変わっていません。

◆最近は夫が随分と協力しているではないか⁉

・日本の男性の家事育児参加は国際的にも最低水準

在宅で子育てしているか、外で仕事をしているかの違いはあっても、子育ての苦楽を分かち合いたい相手として母親が最も期待する相手は夫ですが、その夫が仕事に追われて、子育てのパートナーとしての役割を果たしてくれていないという点もまた共通しています。OECD加盟国を対象に、5歳未満の子どものいる夫の家事育児参加を調べた国際調査では、日本の男性の参加時間は最低です。

家庭生活を省みることができないほど仕事に追われている夫に対する妻の胸中は複雑です。夫の働きがあってこそ自分たちの生活が成り立っていると感謝しつつ、置き去りにされる寂しさを覚える妻がいる一方、子育てで仕事を辞めたり減らさざるを得ない自分自身と比べて、一向に生活スタイルを変えることなく仕事に専心している夫に、納得のいかない苛立ちを募らせる妻もいます。いずれも、生活スタイルが離れて、会話も成り立たず、いつしか心も離れていくことは同じで、子どもは夫婦のかすがいではなく、溝を深める要因にならざるを得ない事情があります。

・今の若い母親は非常識で、自分勝手!?

「こんなことすら知らないのかと常識を疑う」「育児の本は読み漁っても、実母や姑、近隣の年配者など身近な人の忠告には耳を貸さない。良かれと思って注意をしてあげたのに、うるさそうにそっぽを向き、怒りだす」等々最近の母親を批判する言葉もまた最近、よく聞かれるようになりました。地域で懸命に子育て支援をしようという善意と熱意にあふれた年配の人に限って、こうした言葉を口にし、挙句に「こんな親まで支援が必要か」と嘆くのです。

確かに若い世代は無知かも知れません。「薬を白湯で飲ませるように言っても、白湯を知らない」「赤ちゃんをあやしてというと、あやすって何ですかと尋ねる」等々、例を挙げればきりがありません。しかし、これは若い世代を一方的に責めて解決することではありません。むしろ、お手伝いよりは勉強が大事だと言い、仲間や小さい子どもと触れあう経験も場所も乏しい中で育ててきた、これまでの子育てのあり方が問われているのではないでしょうか。先輩世代は、若い世代が知らないことを伝えていく手間を惜しんではならないと思いますし、若い世代の心情を理解すると共に、新たな知識や方法を受け入れる柔軟さと謙虚さを示すことがまず大切ではないでしょうか。「きちんと! 早く! 間違いなく!」をモットーに育てられてきた若い世代にとって、親は失敗も間違いもしながら、子どもと共に育っていけばいいんだと、ゆとりを持って子育てに当たることができるよう、周囲の温かい見守りと支援の手が必要なのです。

◆今、本当に必要な支援とは

以上、述べてきたような子育てに戸惑い、悩む母親たちの声に耳を傾けてみると、どのような支援を急ぐべきかが明らかです。在宅で子育てに専念している母親の孤独な叫びに応えるためには、各地で展開されつつある「子育てひろば」の意義は大きいと言えましょう。仲間の母親と談笑し、支援者から伝えられる子育ての知恵や情報に救われる貴重な場であるひろばですが、女性と子どもだけが集い、子育てや子どもの話題に明け暮れる場に終わってはならないと思います。子育て中も含めて、子育てが一段落した後の社会参加に道を開くような発想をもった企画を併せ持ったひろば事業であって欲しいと思います。

一方、働く母親に対しては、子育てと仕事を無理なくバランスよく行えるよう、企業側の工夫と努力が求められています。いわゆるワーク・ライフ・バランスへの取り組みですが、女性だけを対象とするのではなく、男性の働き方を変える方向が同時に検討されるべきでしょう。現状は男性の家事育児参加率が極めて低いことは前述の通りですが、一方で、できることならもっと育児にかかわりたいと願う男性が増えています。男女が力をあわせて、無理なく、仕事も家庭も地域活動もできる社会の実現を目指して、働き方を変えていくと同時に、安心して子どもを預けることのできる地域の保育機能や子育て支援をいっそう充実させていくことが必要です。

こうした方向に、行政や企業の一部も子育て支援の取り組みを進めつつありますが、その動きが本当に私たちの暮らしまで届き、実りあるものとなるために一番必要なのは、人々の意識の後押しでしょう。一人ひとりの悩みや不安は決して私一人のものではないことを知り、望ましい解決に向けてどのような一歩を踏み出したらよいのかを、皆が共に語り合い、肌で感じあう場と時間が必要なのではないでしょうか。「よみうり子育て応援団」がこれまで果たしてきた役割もまた、そこに大きく貢献するものであると思います。私は何回かこの集いに参加させていただきましたが、会場を埋めた母親たちが回を重ねるごとに元気になっているように思います。最近は男性や年配の方々の参加も増えて、まさに皆で子育てを考える集いへと成長していることを実感しています。子どもの発達やしつけの方法を学び、親としてのあり方を考える回があるかと思えば、仕事と家庭の両立をいかにかなえるか等、親のライフスタイルに視点をおいたり、あるいは家庭や地域で異世代交流を通して知恵を交わし、互いの資源を活用する方法を語り合うなど、内容は実に多岐にわたっています。29回に及んで回を重ねた成果が現れていて、まさに「継続は力なり」であることを考えさせられます。新しい情報や事件を追い求めていくことを使命とするメディアが、「子育て支援」という一つのテーマを5年にも及んで一貫して追い求めてくれていることに驚きを禁じ得ませんが、子育ては地道な積み重ねがあってこそ、醍醐味にも喜びにもつながるという暗黙のメッセージに他ならないと言えましょう。「よみうり子育て応援団」の実践が会場に足を運ぶ人々に対してだけでなく、紙面を通して全国に発信するメディアとしての利点を活かして、今後とも子育て支援の大切さへの理解を深める大きな力となることを心から期待しております。

1章

子どもの成長・発達としつけ

食べる、寝る、話す、ほかの子どもとかかわる……。成長の早さは一人ひとり違うとわかっているのに、どうしてこんなにも気になるのか。「ゆったりと子どもの成長を受け止めたいのに、しかってばかり」――。こんな思いを抱く人が多いのは、なぜなのだろう。子どもをしかることや発達の差に悩む親たちの背景にあるものは何だろうか。

◆「感情抑えられない」――また自己嫌悪

「今日もまた怒ってしまった。どうして感情が抑えられないいんだろう」。大阪府堺市の主婦、美佐さん（29）（仮名）は、まもなく3歳になる長男と9か月の二男が眠りにつくたびに自己嫌悪に陥り、帰宅した会社員の夫（27）につらい思いを訴えている。

長男の〝トイレトレーニング〟を始めた今年夏ごろがピークだった。「おしっこがしたくなったら言うのよ」。何度言い聞かせても、「トイレ」と言うのはおもらしした後。1か月目は「仕方がない」と思えたが、3か月を過ぎても出来ない。府の相談窓口に電話すると、「母親の愛情が足りないのでは」と諭され、余計に落ち込んだ。同じ年齢の近所の子は、とっくにオムツが外れている。むずかる二男を抱えて、日に何度もトイレに行かせたり、ぬれた下着や床の後始末をしたりするうちに、「何でできないの！」とイライラが募り、つい手が出てしまうこともある。

食事の支度もスムーズにいかない。2人が台所に入ってきて、コンロや引き出しに次々と手をのばす。「熱いからだめ」「それは置いといて」。瓶のふたが外れて、床がしょうゆまみれになり、思わずかっとしたことも。長男は偏食が激しい。一口食べて「ごちそうさま」と食卓を離れては、「まだ食べる」と戻ってくる。2人に食べさせ、自分の食事を終えるまで1時間半もかかる。夜は、ぐずって泣く二男を腕がだるくなるまで抱いて寝かしつけようとしている傍らで、長男がドスドスと跳びはねる。「静かにしなさい」。何度言っても聞かない。

ひと息つくのは、夕方、近所の親同士で集まって話をする時だけ。でも、家に入って扉を閉めた瞬間から、また息苦しくなる。「『もうちょっとしたら、楽になるから』。みんな口をそろえて言うけど、トンネルを抜ける日がまだ見えないんです」

＊

同府寝屋川市の主婦、麻紀子さん（27）（仮名）も、1歳の長女に対して、いらだつ時がある。早く自分でご飯を食べられるようになってほしいのに、何度スプーンを持たせてもほうり投げ、食べ物を手でつかんでは捨ててしまう。自分の思い通りにならないと、反り返って大泣きする。「3歳までにしつけないと言うことを聞かなくなるよ」。友人の保育士から言われたことが気にかかった。「厳しく育てなければ」。そう思うと、何でもないことまできつい口調になる。

＊

子どもとずっと向き合い、同じことを繰り返す毎日。怒りがわき起こるのが、日に日に早くなる。感情的にならずにしかるのは、どうすればいいのか。しつけの難しさを実感している。

◆経済的不安、子に向かう――父親「手は上げない」決心したが……

子どもと向き合う時間が長い母親からの相談が大半だが、父親からの声もある。

機械部品の木型業を営む大阪府内の誠三さん（47）（仮名）は、自宅が職場である利点を生かし、7歳と5歳の2人の娘の子育てに、なるべくかかわろうと心がけてきた。高校を卒業後、30年近く家業を切り盛りしてきたが、最近の不況のあおりで、厳しい状況が続いている。結婚して8年目にようやく授かった子ども。「いてくれるだけで幸せ」と慈しみながらも、時々、経済的な不安に対するいらだちが子どもに向いてしまい、「自分の感情の不安定さに嫌気がさす」と話す。

「父親はこうあるべきだ」と気負わず、妻（43）とともにその都度、役割を分担してきた。「ちゃんとあいさつをしなさい」「帰ったら毎日10分だけでも本を読みなさい」。基本的な生活態度だけは身につけてほしいので、厳しく言うと、小学校に入った長女は最近、口答えをするようになった。

絶対に手だけは上げまいと決めているが、これから反抗期や思春期を迎える中で、貫き通せるかどうか……。「どんな風に成長しても、親として丸ごと受け止めていきたいと思っています。でも、まだまだ不安があります」

◆2人目生まれ……募る焦り、不安

「2人になると手がかかるから、何でも自分でできる癖をつけよう。そう思い詰めていました」

大阪府寝屋川市の主婦、清子さん(37)(仮名)は昨年夏、二女を出産した。今年4歳になる長女には、二女の妊娠がわかった時から、トイレや着替えを自分でさせようと、厳しくしかりながらさせたが、思ったようにいかない。内心、まだ早いのかもと思いつつ、「だれもやってくれないのよ」と、言葉がきつくなり、短気な夫も同じようにしかった。

成長するにつれ活発になる二女に比べ、おとなしい性格の長女が気がかりでしようがない。公園に着いたとたんに走り出す二女、その後を追うように歩き出す長女。ジャングルジムに上ろうとする二女の傍らで、怖くて上れない長女。長女には「積極的な子になってほしい」と、9か月のころから子育て支援施設で他の子どもたちと一緒に遊ばせ、子育てサークルにも入った。「なのになぜ?」。理不尽な疑問が頭をもたげ、「あんた、お姉ちゃんでしょ」。

園庭開放で、近くの保育所に行った時のこと。遊び回る子どもたちの中で、母親の方ばかりチラチラ見る長女にいらだちかけた時、一緒に行ったサークルの友人に「あなたの顔色ばかり見てるわよ」と指摘された。

「もう4歳なのに、できないことばかりで」。保育所の先生に愚痴をこぼすと、「お母さん、まだ4歳なんだから」との言葉が返ってきた。「まだ甘えたい時期なんだ」。甘やかせてやりたいのにできない。そんなもどかしさを、友人や保育士に「言える」ことで今は少しだけ気持ちが和らいでいる。

＊

大阪府貝塚市の主婦、里美さん（30）（仮名）は長男を出産したあと、何でも自分でやりたがる長女（2）の行動にイライラが募る。はしがうまく使えなくてぐずる、よそ見しながらのご飯がなかなか終わらない……。仕方がないのはわかっているけれど、声が荒くなるのを止められない。

少し離れた市から引っ越してきたばかり。友人もいない。市の広報紙で育児支援の連続講座を見つけ、申し込んだ。1回目の講座は公園での交流会。何人かの母親仲間ができた。その直後の2人目の妊娠。せっかく知り合えたのに何も相談することなく、2人の子どもを抱えての生活に入った。倍になった不安を長女に向けてしまう。

掃除、洗濯、炊事と、1日の家事のスケジュールを組んでいるのに、服を汚した長女に「ママぁ」と寄って来られ、「さっき言ったでしょ。何でわからないの」とどなった。「さっさと家事ができない自分が焦っているだけだとわかってるんですが……」

長女とのやり取りで疲れ、「ごめん、大した物作れなかった」。そう夫に言うと、夫は「早く寝ろよ」と子どもを寝かしつけてくれる。それが唯一の救いだ。

ゆったりした気持ちで子どもと接したいのに。子どもが2人になって増す子育てへの不安を、どうすれば、だれに言えばいいのか。迷いながら模索している。

◆言うこと聞かない　厳しさ必要？

大阪府東大阪市の主婦、京子さん（35）（仮名）は、3歳の息子と1歳の娘を連れ電車に乗ると、本当に困ってしまう。娘を抱いているのに、息子が暴れ出す。抱き上げても、「ここは静かにする所だから」と言い聞かせても、聞かない。

「子どもはこんなもの。仕方ない」。自発的な行動を促すことの大切さを説く育児の本を読んで、その通りだと思っている。でも。周囲を見渡すと、心底嫌そうな顔をする人がいる。「何？　あの親子。しつけもろくにできてないじゃない」。そんな視線を感じると、厳しくすることを求められているような気がする。「言い訳かもしれないけれど『しかっている』というポーズをするために、たたくことがあるんです」。

公園で息子が滑り台の上からおもちゃを投げたり、他の子を押し倒したりした時もそうだ。周りのお母さんの手前もあって、「ごめんなさいって言いなさい」と強要してしまう。子どもの気持ちに寄り添わず、無理強いするのはおかしいと思っているのだけれど……。

かっとして手を上げてしまい、親も子も悲しい思いをしたことがある。関東から実家の近くへ引っ越して来たばかり。娘が生まれてまだ2か月だった。それまでは、息子を保育所に預けてパートに出ていたが、自宅で24時間子どもと向き合い、話し合える友人もいない生活。息子は赤ちゃん返りをして、「僕もおっぱい飲む」「僕も、僕も……」。家の外に助けを求め、利用した保育所の園庭開放や市の育児相談で、「たたいてしまうんです」と告白した。話を聞いてもらうことで自分を省みるゆとりを持てた。くたびれはてている時、親子だけでいると、ふだんは受け止められる息子の言動にイライラして、手が出てしまうのだ、と。

最近は、親子体操の教室、市の育児教室、子育てサークル、園庭開放……。極力利用して外に出るようにしている。

だから、どんな時に自分が手を上げるかは、冷静にわかっているつもりだ。でも、実母に「人に迷惑がかかる時は、たたいてでもしつけないと」と言われると迷いが生じる。京子さん自身、親から厳しくしつけられ、時にはたたかれた。つい最近、母が信号無視してバイクを走らせた高校生に注意したら、逆に言い返されたと聞いた。「あの子らはどんな育てられ方をしたんだろう」。そう思うと、自分の方法も結局は甘やかしなのかと、気にかかる。

「無理強いしなくても、別のやり方があるはず」。子どもの気持ちをすべて受け止めたい。自分でいろんなことがわかるまで、待っていたい……。

「周囲の視線がある所では、私が、うまく言い聞かせるすべを持たないのだと思う。もっと心が広くて、立派なお母さんを目指しているんですけれど」

子育てに注目が集まっているいま、親たちは周囲の評価にさらされ、揺れている。

＊

「今は出口の見えないトンネルの中にいる」。「しかる」ことについて、そう訴える親たちに、応援団メンバーで恵泉女学園大学教授の大日向雅美さんはメッセージを寄せた。

「お母さんのつらさが伝わってきて胸が痛くなる思いです。その一方で、どんどん成長する姿も感じました。『人間だから、きれることもたたくこともある』と開き直ることは簡単ですが、どのお母さんも、子どもをしかりながら、自分を客観的に見つめている。自分と向き合うことはつらいことです。しかし、その深さこそが、次の一歩を生み出します。こんなふうに悩む育児ってすばらしいと思います」

しかる　みんなどうしてるの？（2002年11月17日＠大阪）

司会　蓮舫さん（キャスター）
小林登さん（国立小児病院名誉院長）
小林美智子さん（大阪府立母子保健総合医療センター成長発達科部長）
赤井英和さん（俳優）
高江幸恵さん（育児ジャーナリスト）
吉永みち子さん（ノンフィクション作家）

だからこそ、しかられても次へ進める。ただ、子どもがくじけてしまうことはある。虐待された時です。だから、こうした相談を聞くと、お母さんの大変さは十分にわかった上で、私は親子の信頼関係ができているとほっとします。

小林登　1、2歳までは、十分言葉が発達していないから、伝わらないのは当然でしょう。3歳までは、厳しいより優しい子育てでいい、むしろすべきです。

赤井　子どもには、親に見てもらいたいという強い欲

手が出て後悔

▼2歳の息子は食べながら歩いたり、友だちのおもちゃを取ったり、何度注意しても言うことを聞きません。思わず手が出てしまい、後悔。でもまた同じことの繰り返し。疲れてしまいます。（35歳の母親）

◆3歳までは優しくしつけ

小林美　子どもの伸びようとする力はとても大きく、

俳優
赤井英和さん

妻や子どもを大切に思う気持ちは、表さなければないのと同じ。スキンシップ、言葉で伝えよう。

求がある。僕にもまだある。だから、ほめてもらいたくてしたことで、しかられることもある。僕は、そこの見極めだと思う。

蓮舫　とはいえ、私の経験でも、こんこんと言い聞かせてこれでわかってくれたと思ったら5秒後に同じことをする。どうすれば。

高江　しつけ一般論でいえば、2歳ではものごとの善悪をわからせるのは、まだ無理。生活習慣のことでは、いつもいつもしつけをしようと思うと親も子もしんどい。忙しいときは、食べさせたり、服を着せてやったりと親のペースでやってしまう。そして、日曜日や夜など親にゆとりがあるときに、ゆっくりと言葉で伝え、子どもが自分でしようとするのを待つというようにしてみてはどうでしょうか。

小林美　ニュージーランドの母子手帳の副読本に、1歳半―3歳の発達について見事に書かれているので驚き、うれしく思いました。「この年代はいい子でいることを子どもに求めることは不可能。求めると親は疲労困ぱいする」と。子どもは発達して準備が整えばできるようになる。あと数か月待つことで、もう少しゆったりした育児になる。今は一般的に、早くできることが良いように思われており、こうした悩みを量産しているように思います。

高江　その通りですね。ただそれに加え、お母さんたちが悩むのは、感情的にしかってしまうこと。理不尽とわかっていながら感情的になってしまうのはなぜなのか。これは、夫婦関係や母親自身の生き方、社会の仕組みにまで発展する問題をはらんでいます。

赤井　夫婦間のことで言うと、僕の奥さんの方が間違いなく子育てに長時間かかわっています。だから、その悩みを聞くのは、まず、夫である僕の役目やと思うんです。

周囲のプレッシャー

▼公園などで子ども同士がもめた時、私は出来るだけ見守りたい。でも相手の子のお母さんはすぐに自分の子どもを怒って解決しようとする。周囲から、わが子をしかるべきとのプレッシャーを感じます。（28歳の母親）

◆「評論家」も自信ない／自分のやり方貫けばいい

高江　結論から言えば、基本的には母親同士の関係が出来ていれば、問題ないのですが、そうでない時は、自分の方針を貫くしかないと思います。

吉永　私は周囲のプレッシャーに弱いタイプ。だから公園のトラブルが気になったなら、その場面を見ないで済むように公園に行くのをやめた。あるいは、母親5人ほどが持ち回りで全員の子どもを預かって遊ばせたこともある。子どもだけで遊ぶ場を意図的に作るわけ。そうすることで「うちに来たら、うちの方針でいく。その代わり別の家にはそこの方針がある」と言えました。

赤井　子ども同士のぶつかり合いは、人間関係を学ぶチャンス。大人がつぶすことはない。このお母さんは周囲の目を気にせず自分のやり方を貫けばいいと思う。

会場から　私がこの質問をしました。自信がないのではなく、私は見守りたいのに、どの公園に行っても同じ考えのお母さんに出会えなかったのです。

小林美　親にとって、自分の子育てを否定されるのはつらいですよね。でも、私たち小児科医や保育関係者らですら、自信を持っていない。だからこそいろいろ言うし、人の目が気になる。けれどその視線に合わせると自分の育児の軸がゆらぐ。そのことが悩みだと思います。「評論家」も自信がないのだ。相手も不安なのだと思ってはどうでしょうか。多少楽になるのでは。

蓮舫　「友だちなどの前では、甘やかしていると思われるのが気になり、しかってしまう」との声もあります。

司会　キャスター
蓮舫さん

授かった大切な命を、同じ時代を生きるみんなではぐくむ行動を起こして行きましょう。

育児ジャーナリスト
高江幸恵さん

悩みのトンネルを抜けた母親の素晴らしさをたくさん見てきました。私は母親を信じています。

高江　周囲のプレッシャーを無視できればいいのですが、それが難しい。とくに、世間の目が気になるのは当然。ただし、世間の目や他人のおせっかいは無責任です。私は「口を出すなら、優しいまなざしと手を出して」と言いたい。口を出す代わりに、わずかな時間でも子どもをみてあげるとか、バギーを持って駅の階段を上り下りしていたら、ちょっと手伝うとかしてほしい。口を出すだけで手を出さない人には、毅然として無視していいと思います。

蓮舫　第三者でなく祖母ら肉親から「甘すぎる」「もっと厳しく」と言われたとの声も寄せられました。

吉永　私は母に下の子を託すことが多かったのですが、母は甘くて、私がしかると私のことを怒った。母との親子げんかに発展する毎日で、しつけの方針が統一できなかった。ある時、争いを毎日見せるより、平和に暮らす方をとろうと口出しをあきらめた。100％うまくいかないこと、何かを捨てなきゃいけないことはある。それが一生マイナスになることはないでしょう？　子どもとは長い付き合いなのだから。

上の子との接し方

▼2人目を妊娠してから、1歳8か月の子どもを毎日しかってしまいます。これ以上エスカレートしたくありません。（27歳の母親）

▼2人目を出産後、育児と家事のどちらも中途半端でイライラすることが増えました。2歳の長女は何でも自分でしたがり、見守ってあげたいのですが、ついついどなってしまいます。のびのび育てたいという理想はどこへ行ってしまったのか、私も子どももつらいです。（30歳の母親）

◆独占できる時間設定を

高江　これは、子どもの問題というより、親の問題です。サポートしてくれる人がいれば、大半は解決することです。ちょっと子どもを連れ出したり、預かってくれる実母、義母、近所のおばさん、友人、夫など、とにかく使えるものは何でも使って、母親自身が楽をすることを考えてほしい。

蓮舫　そうした人が近くにいなかったり、ベビーシッターなどに預けるのは懐が苦しいこともあります。預けることをためらう人もいる。

高江　母親自身がストレス解消のためにお金を払って託児を利用するのは、夫たちがお酒を飲みに行くのと同じこと。だから、託児費用は、育児の必要経費として、家計に計上しては。

小林登　アメリカや日本の調査で、親子関係がしっかりしていれば、ゼロ歳児保育でも問題がないという結果が出ている。それと大切なのは夫のサポートです。たとえ早く帰れなくても、くたくたになっていても、夫がひとこと妻に優しい言葉をかけることが重要だと思う。夜9時まで仕事をしなければならないなら、8時くらいに「どうしてる?」と電話するだけでもうんと違う。もちろん夫が育児休暇を取れるような社会の雰囲気づくりも大切です。

国立小児病院名誉院長
小林登さん

子育てに「こうでなければ」との定石はない。大切なのは親子の心のきずなを結ぶこと。

吉永　上の子がしかられることが多い。自分が見捨てられるような気持ちになって、オドオドして要領が悪くなり、またしかられる。本当に切ないぐらい。私は2人目、3人目の出産祝いを贈る時、兄や姉用の品も入れていた。下の子を預けてでも上の子と過ごす時間を作るなど、愛情を色濃く示してやる工夫も必要では。

小林美　2人目の子に母親を取られてしまうことが、幼児にはどれだけ怖いことか。大事な母親が他の子の世話をしていて、しかも自分は怒られるのでは絶望でパニックになってしまう。そうした知識を、親だけでなくみんなが理解して、どう母親の負担を軽減すればいいのかを本当に考えていかないと。

赤井　子どもをしかるタイミングは難しい。子どもにはプライドがあるから、兄弟や友達らがいる前で怒ると、「どうせぼくは悪い子」みたいに思う。うちは、一人だけを呼んで言い聞かせる。

高江　きょうだい育児の場合、上の子が母親を独占できる時間を、5分か10分でいいから1日のどこかで設定して、じっくり付き合ってあげる。母親自身に対しては、自分で母親休業日を作って、その日は家事もしないで、子どもの面倒は必要最低限にするなど、自分のゆとりを持つようにすることですね。

理想と現実のギャップ

▼子どもを持つまでは、ほめ上手で、やさしいお母さんでいようという理想を持っていたのに、現実は逆。1日が終わると、『また、今日もしかってしまった』と子どもの寝顔を見ながら反省する毎日です。（42歳の母親）

◆夫婦関係の見直し大切

小林登　自分のことをよくわかっている、いいお母さんだとほめてあげたい。子育てはそういうもんだと考えておおらかに受け止めればいい。

高江　このお母さんの相談は、もう悩みの定番といえます。私が20年来育児雑誌を作ってきた中で、同じように訴えるお母さんに何万人と出会ってきました。優しいお母さんを目指すのはすばらしいけれど、24時間ずっとは無理です。お母さんであることの就業時間が長すぎるのです。この方のように、「ごめんね」と、子どもに詫びながら切り抜けていくしかない。こうして、子育てで悩むのは悪いことじゃない。今日、ここにお見えになったお母さんたちは、みんな自分を見つめて悩んでいる。それで十分です。

小林美　「優しいお母さん」とは何でしょうね。診察室で出会う子どもたちは、お母さんは怖いという。一方

大阪府立母子保健総合医療センター成長発達科部長
小林美智子さん

ノウハウを親に教えるだけではなく、子育てという仕事そのものを分け持つ社会の仕組み作りを。

「一番好きなのはお母さん」とも言う。表面的なことではなく、どんなにしんどい時でも寄り添い、守ってくれる。しかっても決して見放さない。そんな親の強さ、責任感に裏付けられた優しさを子どもはきっちり見ている。

蓮舫　たたいてしまうことを気にしている人もいます。

小林美　欧米では30年かけて体罰をしない育児に転換させて来ました。なぜかと言うと、体罰が子どもに与える影響が分かってきたからです。体罰は、強者が弱者を力で押さえ込む人間関係。親がそうすると、子どもも肯定してしまう。欧米は、力の強弱で上下を決めるのではない社会をどう作るのかを考え、子育てのあり方を変える壮大な作業をしてきた。日本では今、体罰や虐待についての取り組みが始まったばかり。どんな育児文化を作って行くのか、各論で話していく時期が来ています。

ノンフィクション作家
吉永みち子さん

子どもを持つことは、思い通りにならない存在を丸ごと引き受けること。今だけがすべてじゃない。

吉永　子育てが楽しくないのは子どものせいじゃない。背後にある不満が目の前の子どもに向かってしまうのです。取材で出会った母親たちに本当は何が不満か尋ねたら「夫のこと」だった。二人の子なのに、結局私だけで育てているじゃないのという思いがあった。男女共同参画社会が叫ばれる変革期で、専業主婦も仕事を持つ母親も、ものすごく大変な時代。しかし、夫は「子育てを一緒にしましょう」という風にいかない。男の家事、育児参加が少ない。子どもより先に、夫婦関係を見直すことが大切。

赤井　僕は妻のセコンドだと思っています。リングで闘うボクサーに、本人には分からない欠点や次の攻撃の仕方などをアドバイスし、マッサージをし、汗をふき、勇気づける。それと同じように、妻が気持ちよく育児できるよう状況を整えるのが僕の役目なのです。

高江　私は「優しさ」をこれからの社会のキーワードにしたい。高度経済成長期以降、日本は子どもや育児に関心を払わず問題を積み残し、子育てしにくい社会を作って来ました。もっと夫が早く帰宅できるように、子どもが太陽の下でのびのびと安全に走り回れるように、企業も社会も育児に優しくなってほしい。優しさを母親だけに求めるのではなく、「優しい社会」を作ることを提案したい。

◆ 個性？　揺れる親心

発育は順調なのだろうか。赤ちゃんの体の大きさは、月齢ごとに標準の身長や体重がデータで示されていることが多く、親にとって気がかりだ。場合によっては「母乳が足りないのでは」などと、深刻に受け止めてしまう人もいる。

広島県福山市の主婦、知子さん（30）（仮名）は、生後8か月の長男の体重が7キロを切っており、身長も60センチ台の半ばで標準値をかなり下回っている。生まれた時は普通だったが、4か月の時、初めての健診で気がついた。病院で血液検査をしたら、ほんのわずかだが甲状腺の機能が低いことがわかった。医師は「異常と言うほどではない」と言ってくれていて経過を見守っている。「たいしたことではない」と前向きにとらえようと心がけている。でも、初めての子どもで情報がないこともあって、子育ての知識は育児書に頼る部分が多い。こうした本に載っている「基準値」と比べると、どうしても落ち込んでしまうのだ。「気にしすぎかな」とも思うのだが……。

＊

寝返り、立つ、歩くといった基本的な動作が、いつできるようになるのか。同じころに生まれた子どもと比べて早いのか、遅いのか。

岡山市の主婦、友里さん（33）（仮名）の生後7か月の二女は、「はいはい」をする気配がなく、いきなり家具などにつかまって立ち上がりそうだ。10歳の長女、8歳の長男も、はいはいをせず、10か月のころにつかまり立ちをした。長女は小学校に上がるころまで、歩いているとすぐに転ぶ癖があり、周囲から「はいはいを教えなかったせいだ」と言われたことがある。二女に、試しに四つんばいのポーズをとらせようとすると、いつも泣いて嫌がる。「少し無理をしても教えた方がいいのだろうか。あるいは自然に任せた方がいいの?」と迷ってしまう。

*

子どもの体の特徴が、他の子と少し違っている場合、個性として認めるべきかどうか。答えは簡単には見つからない。

岡山市の主婦、遥さん(29)(仮名)の1歳半の長男。両耳の穴の近くに「副耳」と呼ばれる直径1センチ半くらいの出っ張りがある。健康上は問題ないけれど、周囲からは手術で取ってしまうように勧められている。親の目からはかわいらしく、チャームポイントだと思うくらいだ。しかし、医師から「将来、いじめられる原因になる」と言われると、考え込んでしまう。「ものごころがつくまでに、取ってしまった方がいい。2歳までに手術を」と言われるのだが、特に必要でもないのに、小さな子どもに麻酔をかけることに抵抗がある。でも、日に日に副耳が大きく、目立つようになるような気がして……。「(副耳が)あってもなくても、かわいいわが子に違いはない」とわかっているのだが。

◆なぜ? つい比べてしまう

「なかなか言葉が出ない」「同じ年齢の子どもに興味がないようで、公園でも一人でずっと遊んでいる」。

わが子の心の発達が遅かったり、社会性をはぐくむ第一歩となる集団生活や友だち作りでつまずいたりすると親はどうしても気になる。

岡山市の和枝さん（29）（仮名）の長男は5歳。4月から幼稚園に通っている。ご飯の時、テーブルにひじをつくなど食べる時の行儀が悪い。「大きくなってから、この子が恥をかくのはかわいそうと注意するけれど、『うるさい』と〈逆切れ〉。何回言っても、改めようとしない。毎日、食事の度に注意することになり、ストレスがたまる」と打ち明ける。食事中もおしゃべりが大好き。楽しくご飯を食べるのもいいけど、はしが止まったままで、3歳の妹よりも時間がかかる。ゴールデンウイーク明けから、幼稚園で弁当が始まるだけに、「このままで大丈夫かと心配。どうしてもっと成長してくれないの」。

子育て中のママ友だちに相談してみると、「男の子はみんなそうよ」と慰めてくれる。ほかの子と比べるつもりはないけれど、「本当にそうなの」とつい疑ってしまう。

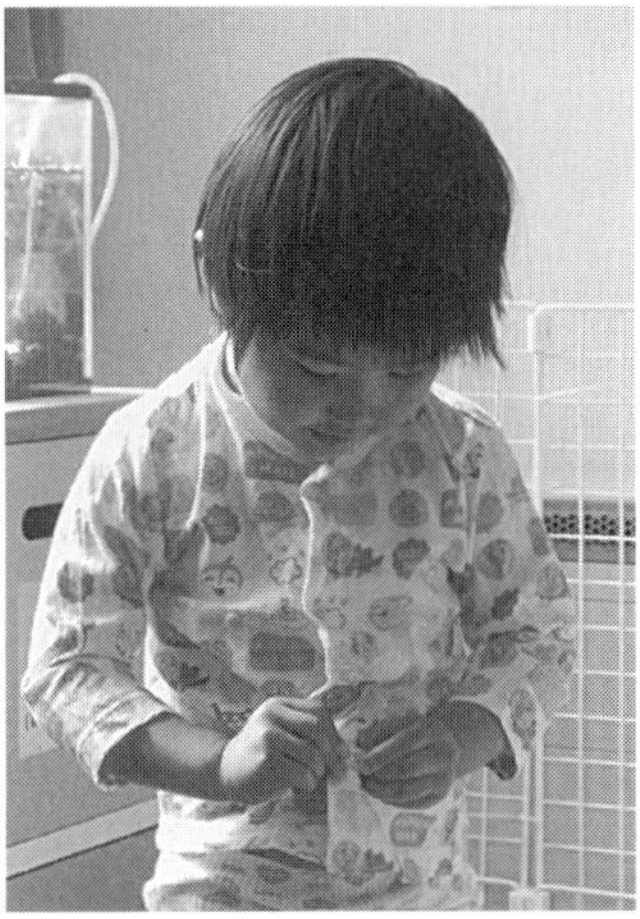

＊

広島県福山市の佳子さん（37）（仮名）は3歳になる双子の男の子のお母さん。「二男は言葉の発達が遅く、大人のオウム返しが多くて、（コミュニケーションが）一方通行。一つのことにこだわる傾向があり、自分の言いたいことが伝わらないとかんしゃくを起こすことが多くて困ってしまう」と悩む。子どもの成長はそれぞれ違うのは頭ではわかっているが、双子の長男と、どうしても比べてしまう。4月から2人とも幼稚園に通っている。「みんなと一緒に仲良く過ごしていけるのだろうか」「幼稚園の生活についていけるのか」。二男のことが心配でならないという。

＊

新学期になり、幼稚園や保育所での集団生活がスタートし、友だち作りも始まった。親としては温かく見守りたいが、不安な気持ちにもなる。

5歳の娘と3歳の息子がいる岡山県瀬戸内市の千春さん（34）（仮名）。「娘には近くの公園などでお友だちと遊ぶ機会を与えているが、なかなか中に入って遊ぶことができない。子どももどうしたらよいのかわからないようで、親としてどうすればいいのか悩んでいる」

娘は周りの子と比べて、言葉の発達が遅く、友だち同士の会話もかみ合わないようで、幼稚園でも一人遊びすることが多いという。幼稚園の先生も配慮してくれているようだが、春からクラス替えで担任の先生も代わった。

「環境の変化に戸惑いが多くて、周囲の友だちからも孤立しているようです。何とかしてあげたい気持ちでいっぱいなのですが、どんな風に手助けすればいいのでしょうか」

みんな違うよ　成長の歩み（２００６年５月21日@岡山）

司会　頼近美津子さん（コンサートプランナー）
子安増生さん（京都大学教授）
山縣威日さん（産婦人科医）
セイン　カミュさん（タレント）
岡田晴奈さん（ベネッセコーポレーション執行役員）

◆絶対に比べない

山縣　ほとんどの場合、正常なことが多い。成長曲線というものがあり、小さくてもその曲線に沿っていて、元気でいれば、それほど心配することはない。

セイン　親としてはつい周りが気になるが、絶対に比べないこと。うちの場合、長男は9か月で歩き出したが、5か月になる二男は一人でちゃんと座れない。でも、その子に合わせた成長のペースを見守っていけばいいと思っている。

岡田　私は上の子が10か月近くまで寝返りが打てずに

伸びる　動く

▼2歳の長男が小さいのが気になります。体重は平均値幅の最小値。大きくなってほしいと、つい無理をしてご飯を食べさせてしまいます。（37歳の父親）

▼生まれてくるまでは、ただ「健康であってほしい」と思っていたのですが、無事に生まれてくると、発達が気になります。（28歳の母親）

心配だった。本を読んだり、お医者さんに行ったりしたが、一番心強かったのは先輩お母さんの体験談を聞いたこと。いろんな子どもがいるんだということがわかり、とても支えになった。

子安　発達の道筋は一つではない。ある時期に非常に時間がかかるところもあれば、非常に早く進むところもある。進み方も一様ではなく、個人差がある。それが子どもの個性の一つだと理解してほしい。一番身近な相談相手として、小児科のお医者さんがいる。また、様々な健康診断の時にも遠慮なく聞いてみて下さい。あらゆる機会を利用して、心配ごとを楽にする方法を考えてみては。

山縣　一人の子どもの成長をずっと見守ってくれる、〈家庭医〉という主治医を持つのもいいのではないか。

産婦人科医
山縣威日さん

母親がつらい時、父親が支えてあげてほしい。親の気持ちが楽になれば子どもにも伝わる。

司会　コンサートプランナー
頼近美津子さん

育児は自分育て。まっただ中の時期を過ぎると、懐かしく振り返ることができる。

しゃべる　遊ぶ

▼2歳の長男の言葉が少なくて悩んでいます。話すのは「パパ、ママ」など一語文だけです。（31歳の母親）

▼2歳3か月の息子はおとなしく、おもちゃを取られてもたたかれても我慢しています。優しいのでしょうが、見ているのがつらいです。（27歳の母親）

◆話しかけよう

子安　言葉は特に個人差が大きい。「ワンワン」などの一語文から、「ワンワン、いるよ」といった二語文になるには時間がかかり、大きな飛躍だということを理解してほしい。

岡田　うちは長女が「牛乳」と言ったら「牛乳が

タレント
セイン カミュさん

大人の目線で物事を見てはいけない。親が焦るほど、子どもには逆効果だ。

何?」と意思を確認していた。子どもに話しかけ、やり取りをする中で言葉も生まれてくる。

セイン　僕は6歳のころ仏、英、日本語など4か国語を話していた。今、子どもには僕は英語、妻は英語と日本語で話しかけている。少しでも多くの言葉に触れさせたい。

子安　「お化けの絵ばかり描いて心配」という質問もあったが、絵で性格や心理が判断できるのは思春期から。幼児にとって絵は言葉とともに大事な表現の手段ということを知ってほしい。

頼近　やられっぱなしの子どもを見ると、お母さんは心配です。

山縣　お母さんが守ってあげるから心配ないという態度を見せてあげて下さい。母親が心の基地だと子どもが理解できれば、大きな勇気になると思う。

岡田　親同士が仲良くする姿を見せることも大切。「どんな子どもに育ってほしいか」という意識調査を日本や北京など5都市で行った際、日本人で最も多かった答えは「他人に迷惑をかけない子に育ってほしい」。迷惑をかけないでと願うと同時に、人とのかかわりを避けている親が多いのではないか。

セイン　子どもの社会は子どもで成り立っているが、その影響はやはり親から来ている。親の方ももう少し広い視野を持たなければいけない。

子安　加害者になる方が親として心配で、対処も難しい。大事なのは子どもをしかる時、その場でしかることが大原則。

京都大学教授
子安増生さん

子育ては心配の種が尽きないもの。子どものことを心配しない親の方が心配です。

食べる　眠る

▼うちの子はスプーンやフォークを使わず、手で食べてしまいます。同じ月齢の子どもが上手に食べているのを見ると、心配になります。（32歳の母親）

▼小1の長女と3歳の長男は2人とも私にくっついて寝ます。特に上の子はこのままでよいか気がかり。一緒に過ごす時間が少ないから愛情を求めているのでしょうか。（40歳の母親）

◆生活にリズムを

山縣　フォークやスプーンはいずれ使えるようになるので、焦ることはない。物事を理解する力がついてくる3歳半くらいから教えればいい。

頼近　子どもの食事で悩んでいる方はおられますか。

会場から　1歳10か月の子どもが小食で困ってます。

子安　食事を1日だけで見ると偏っているように見えるが、1週間、1か月単位で見るとバランスが取れる。ただ、ご飯の前にジュースなどを飲ませると糖分で満腹中枢が満たされ、食が細くなるので注意が必要。

岡田　食に関する悩みで多いのは「小食」「偏食」「遊び食べ」。食事どきにテレビをつけている家庭も多いが、子どもの目で見ると「大人も遊びながら食べている」と思ってしまう。食事の時間を生活のリズムとして定着させるべきだ。

セイン　うちの子も毎晩、食べものに口をつけない時期があった。まさに格闘で、大人の視点からは理解できなかった。

山縣　寝る時に親のそばにいたいというのは当然の欲求。大きくなれば離れていくので、今のうちにひっつけておいた方がいい。

子安　米国では0歳から一人で寝かせ、英国ではきょうだい一緒に寝かせる。日本では子どもが寝るまで親が

ベネッセコーポレーション執行役員
岡田晴奈さん

焦らない、怒らない、せかさない。三つの「ない」で子どもの成長をゆっくり見守ろう。

付き合う。早くに親から引き離されるとストレスを感じることも。一緒に寝るのは子どもの安心感につながる。

セイン　うちは妻と相談の結果、親子で川の字になって寝ている。安心感があれば、子どもも自ら離れていくだろう。

岡田　子どもなりに、保育園などほかの世界で心の負担を感じている。一緒に寝ることで受け止めてやれるのでは。

◆焦らず手助け、励ましを

子どもができることでも手を貸してしまう一方で、言うことを聞かないとつい口に出してしまう「いいかげんにしなさい」。子どもの気持ちは時として理解できない。甘えさせてあげなければならないサインや、諭さなければならないわがままに、うまく対応するにはどうすればいいのか。

＊

「甘えの体験は親子関係を築く基礎。欲求が受け止められたことで愛されている自信や安心が生まれ、やがては子どもが自分を信じる力、自立心へとつながります」

兵庫県西宮市の聖和大学の教授（保育、幼児教育）で、付属幼稚園の園長でもある上田哲世《あきよ》さんは、保育士や幼稚園教諭を目指す学生たちに子ども時代の「甘え」の意味や大切さを説いている。現代っ子に対して「甘やかし」という否定的な側面が強調される一方で、十分に甘えることのできた世代が減ってきているからだ。

上田さんは、授業の中で学生約120人を対象にアンケートを取った。3分の2が「今の子どもは甘やかされている」と回答したのに対し、「あなたは子どものころ、甘えることができましたか？」との問いに、3分の1が「できなかった」と答えた。学生自身、具体的にどう甘えられなかったのかがはっきりしている訳ではない。しかし、成長の初期の段階で感じた「満たされていない」という漠然とした思いが、青年期になっても印象づけられていることに、上田さんは驚いた。

親は、自分が子どもだった時の親との関係をもとにわが子の気持ちを理解しようとしがちだ。言葉で十分に表現できない乳幼児期は、気持ちを理解するのが難しい。親自身が子どもの時に「甘えた」という感覚がなければなおさらだ。

「理解できないことが『甘え』の否定につながらないよう、自分の甘えの体験を見つめ直すことが大切。他の親とのおしゃべり、保育士や先生と気軽に話せる機会など、子どもの気持ちを理解するヒントをくれるような居場所が必要です」

＊

子どもたちが十分に甘えられない社会環境の中で、「早く何でもできるようにならなければ」と焦る親が増えている。ところが、日々の生活の中で子どもの自立心を摘んでしまっているケースも多い。

「親が自分のペースに合わせようとするあまり、子どもが自分でできることをできなくしてしまっている」と話すのは、大阪市中央区にある幼稚園の女性教諭。帰り支度をする時、急いでいるせいか、親が「ほら帰るよ」と子どもの荷物を手にする光景をよく見かけるという。また、何でも親にしてもらっているため、入園当初に自分で着替えようとしない園児もいた。「一つひとつはささいなことですが、そうしたことが積み重なると、自分からする意欲をそいでしまう」。園では、もじもじと困っている様子の子どもに「どうしてほしいの？」と問いかけ、自分からリクエストを引き出す。代わりにしてあげるのではなくて、手助けや励ましをし、できたらほめるようにしている。

上田さんは指摘する。「幼稚園や保育所が子どもの甘えや自立心を保障する場になりつつある。子どもの心に寄り添い、『今必要なことは何か』に気づいてあげることが大切です」

◆しつけとのメリハリ大切

子どもの甘えを否定的にとらえる親が増えている。

大阪市幼児教育センターが行っている乳幼児の子育てに関する電話相談。「わがまま・強情」として分類される割合は、かつては10—20％台だったのが、ここ数年は30—40％台に。相談の第一声が「子どもがわがままで、言うことを聞かなくて困る」で始まるケースが目立つといい、思うようにならない子育てに悩み、子どもの甘えを受け入れられないでいる親の状況がうかがえる。

＊

子どもが生まれてから「甘えやわがままを何とかしなくては」と親が焦る時期の一つが、幼稚園や保育所に入る時。兵庫県西宮市などで児童館や公立幼稚園、自主グループが主催する幼児教室の講師を約20年にわたり続けている米山清美さん（51）のモットーは「無理なく母離れ、子離れ」。教室の対象は3—5歳の未就園児で、集団での遊びを通じ、母親から離れてスムーズに幼稚園生活に入れるようにしている。

幼児教室に来ると、母親から離れるのを泣いて嫌がる子どもが少なくない。「そんな時は無理に離さないで」と米山さんはアドバイスする。子どもだけで遊ぶ時間でも、その親子だけは一緒に参加してもらう。「常に母親の体に触れていないと安心できず、離れようとしない子どもは、過去に無理やり引き離そうとされた経験があり、母子の間に信頼関係がない。それはどんなに幼くても本能的に記憶されているのを感じます」

親が「この子は私がそばにいなくて大丈夫だろうか」と不安に思えば、それは必ず子どもに伝わる。だから、子どもが求める時はどこへ行くのも一緒でいいし、転んでけがをしたら、気持ちが治まるまで「よし、よし」と抱きしめてあげればいい。それは決してべたべたすることではないし、甘やかすことでもない。甘えもしつけも大切なのはメリハリだという。病気による長期入院など、子どもが親を必要としている時に離れざるを得ないこともある。そういう場合は、「ごめんね、ごめんね」と親が自分自身を責めるのではなく、その後のフォローが大事だ。存分に甘えさせてやるのもその一つ。「ただ、気をつけたいのは、『もう一人でも大丈夫かな』という兆しが表れた時」。そんな時に限って母親の方が離したくなくなっているケースが多いという。チャンスを逃さないことだ。

「子どもの甘えやしつけに悩むお母さんはぜひ、親子が多く集まる所にできるだけ顔を出して」と米山さんは言う。「よその子と比べるのではなく、いろいろな子どもがいて自分の子どもはその中の一人であること、そして、自分の子どもと同じように甘えている同年代の子どもがいることを知り、子どもの成長に合わせ、甘えを許す基準を考えて欲しい」

◆小児科を気づきの場に

子どもが体の異常を訴える時、心に感じているストレスがいくらか関係していることが少なくない。厚生省（現厚生労働省）研究班が1999年に行った全国調査によると、3歳以上で小児科を受診した1万2719人のうち740人（5・8％）の子どもが「心に問題あり」と判定された。そうした子どもたちは、体の症状として、「だるい、疲れやすい」（50・1％）、「頭痛」（36・5％）、「おなかが痛い」（33・9％）などを訴えていた。ストレスが体の異常となって表れている可能性を示している。

これらの状況を踏まえ、日本小児科医会は99年、子どもの心の健康にも取り組む「子どもの心相談医」制度を設けた。現在1100人以上が認定されている。兵庫県西脇市の小児科医、藤田位《たかし》さん（51）も相談医だ。

「子どもは生まれた時からいろんなストレスの中で育っています。だれか（親）に手伝ってもらわないと何もできないなんてもどかしくて、イライラしますよね。だから、甘えることのできる環境を確保してあげることはとても大事なことなんです」

待合室には保育士がいて、不安がる子どもの相手をする。藤田さんも診察時、存分に子どもの相手をする。乳幼児なら抱き上げてあやし、小学生なら学校での様子などの話を聞く。

親が子どものストレスに気づいていないことが多い。診察室でニコニコしているわが子を見て、ある親は「家では泣いてばかりなのに、なぜここではこんなに笑うのかな」と首をかしげた。また、赤ちゃんを抱き上げた途端に、ホッとした表情を浮かべる母親もいる。

そんな時、「疲れた時に手伝ってくれる人はいますか」「赤ちゃんとずっと一緒だと飽きないですか」などと声をかける。「甘えさせたい」と思っていても、親自身が大きなストレスを感じながら子育てをしていては、うまくいかない。これだけ子育て支援や父親の育児参加が叫ばれているのに、母親がだれにも頼れない状況は続いている。それが診察室から見える姿だ。

そこで、初診の際、親に「こあらノート」という交換ノートを無料で渡している。受診した時に言えなかったことや、帰ってから気づいた子どもの様子、前々から気にしていた悩みをつづってもらうためだ。健康状態をつづるだけではなく、子育てのつらさを訴える言葉が並ぶことも。中には、一晩で4ページを書いてきた親もいた。

「小児科が親子とも甘えられる場でありたいと思う。子どもの気持ちに気づいてあげることは大切ですが、『なぜ気づかなかったんだろう』と思い悩む必要はありません。気づきにくい環境にあるだけ。そうした時にこそ、小児科医を〝気づき〟に利用してほしい」

飛んでけ！ 育児ストレス（2002年3月16日@千葉）

司会 宮崎緑さん（千葉商科大学助教授）
汐見稔幸さん（東京大学教授）
小西行郎さん（東京女子医科大学教授）
菅原ますみさん（国立精神・神経センター研究所家族地域研究室長）
長崎宏子さん（スポーツコンサルタント）

トイレ、食べること

▼長男は反抗期なのか、私ともめてばかり。3歳なのにおもらしするのは、下の子が生まれて、そちらの世話に忙しい私のせいでしょうか。（32歳の母親）

◆親のストレス無関係

菅原　トイレトレーニングは、永遠のテーマのようなもの。子どもの成熟を待ってゆっくり進めればいいと考えています。時には後戻りしてしまうこともある。6歳のわが子も、時々失敗もあるんですが、いずれはできるようになると長い目で見ています。

宮崎　自分のせいだ、と自らに全責任を持ってきてしまう傾向が、今のお母さんに強いと指摘されていますね。

小西　トイレトレーニングは、おそらく教育してできるものではなく、赤ちゃんが生来持つ能力だと思います。だから、両親のストレスが関係することはないでしょう。トイレの成功は歩行の開始と同じで、発達過程に生まれつきプログラムされているようです。何でもかんでも自分のせいにすることはありません。

司会　千葉商科大学助教授
宮崎緑さん

親の背中を見て育つと言うけれど、背中を見せてやれる程度の親でいたい。

宮崎　今日、会場からいただいた質問です。「2歳8か月の娘が、食べることに興味がない。ただぼーっとしていてスプーンも持たないのですが」という内容です。

長崎　うちの2番目の子も食べない子。保育園の給食は平らげるのに、です。知人や心理学の先生らは、給食を食べるなら大丈夫、と言ってくれますが、せっかく作ったのに、なんで食べてくれないんだろうといらいらしました。しかし、それは私の勝手だった。子どもはおなかがすけば食べる、とアドバイスされて、その時を待てるようになりました。

汐見　食には個人差がある。子どもによって食べ方が違いますし、周囲の雰囲気にも左右されます。でも、やはりその子に必要な量しか食べないようです。監視されているのも楽しくない。無理に何かしようとしない方がよいでしょう。

宮崎　食にしてもトイレの問題にしても、子どもの目線に立つというのは大事なことですが、できるようで難しいですね。

小西　小児科外来でも食の相談は多いんですが、決まった答えはない。ただ、いくつかチェックポイントはあります。例えば、本当に全く食べないのか、食べる時の環境、つまり家族関係はどうか、とか。項目をクリアしていれば、あとはまあいいでしょうと言っています。飯を食べずに死んだ子は見たことがありませんから。

しつけ、しかり方

▼長男は1歳4か月。活発に家の中を歩き回り、オーブンのスイッチを入れてしまったり、洗剤を触ったり。子どもが悪いことをした時、手をペチッとたたくくらいはいいのでしょうか。（34歳の母親）

◆「怒り」「爆発」混ぜずに

宮崎　強くしかるか、手は出していいのか、ペチッぐらいならいいのか、としつけの悩みは深いですね。

菅原　しつけの前に、親が環境を整えてほしい。子どもの手の届く所に危険物を置かないだけで、しかる回数は減る。心理学的には、しかる時は、怒りを混ぜたり爆発したりしないように。暴力はエスカレートするものです。

汐見　1、2歳の子どもは、なぜたたかれるのか理由がわかりません。親への恐怖感を植え付けないためにも体罰は避けるべきだと思います。

長崎　私は一度も子どもたちに手をあげたことはありません。否定語や命令調の言葉は使わないようにしています。危ない時だけ強い口調で言えば、子どもには十分通じますよ。

小西　僕は息子や娘をたたいたことがあるけれど、その時の手の痛みは今も忘れられません。親はそうした痛みを感じつつ、子どもの成長を見守るくらいでちょうどいいのでは。たたいてしまった時、子どもにすぐ謝るようでは、子どもが不安になります。

宮崎　「1歳の娘の遊び友達が、娘だけを集中的にたたくので困っている」という相談も寄せられました。会場におられますか。

会場の女性　親同士も親しい関係なので、最初はしようがない、仲良くなる勉強をしているんだ、と自分の中で思ってきたんですが、最近はどうすればいいかと迷っています。

汐見　子ども同士のけんかは子ども自身に解決させるのが基本ですが、1、2歳では難しいでしょう。場合によっては、被害に遭っている子の親が「やめなさい」

国立精神・神経センター研究所家族地域研究室長
菅原ますみさん

地域や社会のサポート、周囲の人たちの見守る中に、親子があるんだと感じます。

東京女子医科大学教授
小西行郎さん

子が巣立った後、最終的に残るのは夫婦、育児の目標の一つは夫婦が育つこと。

「たたいちゃいけないのよ」と相手に教えてやることも大切です。

「孤独感」解決策は

◆「育自」心がける

宮崎　昔のように地域にサポートしてくれる大人が少なくなり、母親たちの孤独感は深まっているようです。私たちはどのように解決策を見いだせばいいのでしょうか。

菅原　私たち自身が赤ちゃんに接したことがない世代なのだから、おたおたするのは無理ありません。夫に手伝ってもらう、人に相談するなど、育児を開かれたものにしていくことが大切です。

長崎　私はストレスフリーかな。いろいろな方に本当にお世話になりました。「ダメ」などの言葉には子どもを尊重する心がないから、使わないようにと教えてくれたのは、水泳教室の先生でした。子どもが巣立つ日まで精いっぱい愛情を注げばいいのかなと思います。

小西　子どもは発達の曲がり角で必ず問題に直面しますから、子育てはつらいこともたくさんあります。家庭に最後に残るのは「夫婦」だと考えて、一緒に乗り越えていくといい。

汐見　育児も教育もうまくいかなかった時、個人の能力のせいにされがちです。私たちは子どもにどんな力をつけてやるべきか確信を持てない社会に生きています。もちろん、子育ては各家庭で多様であっていい。大事なのは、子どもにどのように接するか、それぞれの家庭で文化を作っていくことでしょう。

ストレス解消法

▼1歳9か月の男の子がいます。初めての子育ては戸惑いばかりで、一人になれる時間が全くありませんでした。育児サークルに入って、育児を趣味として楽しめるよう

東京大学教授
汐見稔幸さん

子育てにつまずくことはしょっちゅう。それをどう乗り越えるかにおもしろさがある。

努めていますが、ストレス発散法を教えて下さい。（30歳の母親）

◆「ごっこ遊び」で発散

宮崎　一人の時間が少なくなるのは大きな変化。人生の主役だった状態から、主役は子どもに移り、自分をどう位置づければ、という戸惑いが、多くの母親にあるようです。

長崎　夕飯を作るそばで子どもらがギャーギャー騒いだり、けんかが始まったりで、私もうっとうしく思うこともあります。いろいろ考えて編み出した私のストレス発散法は、生活全般での子どもたちとの〝ごっこ遊び〟。例えば、おふろはプールに、遊び食べをしたらレストランごっこに見たてる。子どもは結構その気になって、おふろに入るし、食べます。

スポーツコンサルタント
長崎宏子さん

娘が言うことを聞いてくれない時、目を見て話します。強い口調で言わなくても必ず伝わる。

菅原　つらいことがある時、どう自分を立て直すか。まずは体をいたわる、寝ることです。子どもの夜泣きが激しい時期、夫に日替わりで世話してもらい睡眠時間を確保しました。いつもより5分間長くふろに入るとか、ちょっと上等な紅茶を入れて自分へのご褒美にするなどもいい。母親が体と心をリフレッシュすることが大切です。でも、自力で健康を取り戻せなくなったら、いろんな人のサポートを受けて下さい。

小西　育児は、問題が出てきた時が、本当の育児。趣味では乗り切れない。その時は、夫婦でけんかして下さい。私も、泣きながら妻に訴えられた時、「悪かったかな」と思いました。本音をぶつけ合えば道が開け、思い出にもなります。

汐見　子どもがちょっとしたつまずきを乗り越えてくれた、というのがやはりうれしい。喜びがないと、育児は続けられないけれど、初めから楽しみを求めてやるものではありません。結果として、子どもを育ててよかったなという、いい思い出が残るものなんですね。

2章

夫と妻の関係　父親としてのかかわり

夫が仕事で忙しいのはわかっている。でも、もう少し子どもと向き合ってほしい。一緒に子育てがしたい。妻から発せられる悲鳴にも似た訴え。一方、夫。子どもと接したいのだが時間がない。接し方がわからない。父親としてのかかわり、夫婦が一緒に子育てを楽しめない社会のあり方が問われている。

◆大変さねぎらう優しさが欲しい

「家族を大切にしていない」。大津市の公務員、祐子さん（26）（仮名）は夫（32）から言われたこの言葉に深く傷ついた。

1歳の長女の子育てと家事、仕事の時間をやりくりして週2日、独身時代から続けているジャズダンスと韓国語の習い事。1日は自宅から車で30分の夫の実家に長女を預け、あと1日は、夫にみてもらって出かけている。毎日の保育所への送り迎えや食事の準備は祐子さんが担当。夫は「洗濯とか、いっぱい手伝っている」というが、祐子さんにしてみれば、ふたりの分担は7対3にもならない。「習い事は毎日頑張っている自分へのご褒美のつもり。子育てや家事をおろそかにしているわけではない」と祐子さん。妻や母としてだけではなく、一人の人間として社会とかかわっていたいという思いはなかなか、夫に理解してもらえない。

育児サークルをつくり、孤独な育児から抜けだそうと努力している滋賀県内に住む主婦佳子さん(33)(仮名)は、夫から「のめり込みすぎ。掃除とかほかにやらなあかんことあるやろう」と言われた。

二男の出産をきっかけに退職。長男と長女を保育所に預けての再就職だったが、「3人目も保育所に入れるつもりなら産んではいけない」と親類に言われ、もめ事を避けたかったのが理由だった。「男がおむつをかえるなんてとんでもない」という両親のもとで育った夫。根本的に子育ては女の仕事と考えている。「今さら考えを変えられない」と、協力を求めることはあきらめている。そして、やっと見つけた悩みを共有できる場。本当はもっと本を読んだり、お母さん同士のネットワークを広げたりとやりたいことがいっぱい。自分ではセーブしているつもりなのに、夫の言葉は冷たかった。

「子どもは勝手に大きくなるんだ」。京都府長岡京市の明美さん(30)(仮名)は、夫(31)のその言葉を一生忘れないだろう。友人に聞かれ、何気なく発した一言。1歳の長男が生まれる前は、おふろの入れ方を勉強し、自分の仕事と決めて積極的に育児に参加。休みの日は掃除と洗濯を進んでしてくれる。「育児の大変さをわかってくれていると思っていただけにショックでした」と明美さん。「大変さをねぎらう優しい気持ちさえあれば」と願いつつ、夫にはまだ、その気持ちを伝えていない。

◆募るイライラ　夫は受け止めて

大阪府豊中市に住む晶子さん（27）（仮名）夫婦もそうだ。夫の徹夫さん（31）（仮名）は営業の仕事。帰宅はたいてい午後10時、11時で、「できるだけ早めに帰るようにはしているんですが、忙しい時はそうもいかない」と徹夫さんはもどかしげだ。

3か月前の夜、晶子さんが目を離した間に、生後3か月の娘がベビーベッドから落ちた。口から血を流し泣く娘に気が動転、仕事中の徹夫さんに電話すると「救急車を！」。

幸い娘は上唇の裏を切っただけだった。それでも「夫がいてくれたら……」との思いがよぎった。徹夫さんは、病院に駆けつけたのだが。

晶子さんは出産の1か月前まで働いていた。環境の変化に戸惑い、「子育てで私ばかりが損をしている」と感じることも。とはいえ、徹夫さんのことを「努力している」と思えるようになった。育児関連の本を読んだり、子育て番組を見たり。「子育てって、こんなにしんどいんだな」。そう理解してくれたのがうれしい。

「以前からぶつけていたイライラを、最近はしっかりと受け止めてくれる。夫婦のコミュニケーションが大事だとつくづく思っています」

一方、滋賀県近江八幡市の宏美さん（32）（仮名）の夫（33）は、娘（1）が生まれて4か月後に単身赴任。週末に帰宅するものの、忙しいときは1か月以上家を空けた。

宏美さんは初めてのことで、子どもがなぜ泣くのかわからない。イライラが募ったが、近所に同年齢の子どもがいて、母親同士の友人も増え、ノイローゼにならずにすんだ。

夫は「いつもご苦労さま」と声をかけ、赴任先へ向かう朝は「頼む」と言って出かける。それも支えだ。電話も毎晩ある。「今日はどうやった？」。まず、娘の様子を尋ねるが、それでもいいと思う。

宏美さんは2人目の子が欲しいけれど、「決断できない」。ノルウェーでは育児休暇の一部を必ず父親が取るよう義務づけているが「日本でも父親が当たり前に休めれば。でも、有給休暇は取れず、休日出勤の代休も思うように取れない」と嘆く。夫は休みを取ることを半ばあきらめているという。「過労死でもされたら……」。不安はつきない。

◆理想と遠い生活

大津市の公務員智美さん（33）（仮名）は、先日ついに感情を爆発させ、2階にいる夫（43）に「下りてきてよ！」と大声を出したという。

毎日、8歳と5歳の子どもを入浴させるのは智美さんだ。夫は一人で入浴し、さっさと2階へ上がってしまう。せめて、ふろから上がった子どものために、タオルと服を用意して待っていてほしい。共働き。2人の子どもは生後4か月から保育所に預け、同居の実母の介護もしている。午後5時45分に迎えに行き、夕食を作り、後片付けをし、そしておふろ。息つくひまがない。その間、実母も子どもも智美さんを頼ってくる。一斉に呼ぶ声。「状況を見てよ。言わなくても、わかるじゃないの」。夫が宴会で遅い日、台所の壁に茶わんを投げつけ、そのまま寝たこともある。「早く帰る時は、保育所に迎えに行って」「私は洗濯をするから、掃除機をかけて」。夫にしてほしいことを伝えてきた。全く動いてくれないわけではない。けれど……。

出産を機に、智美さんの生活サイクルはがらりと変わった。残業できない。趣味に費やす時間もない。一方、夫は見たいテレビがあれば深夜まで見続ける。休日に一人で釣りに行く。子どもがおたふく風邪にかかった時は、智美さんが4日休んで夫は1日。「しんどい」と訴えたら、「仕事を辞めたら」と返ってきた。

「家事、育児は女がやるものという感覚なのでしょうか。理想とかけ離れた生活に、心身共に参ってしまいます」

どうして夫と気持ちがすれ違うのだろう。

「結婚する時、もっと家庭のあり方について考えるべきだった」「夫とよく話し合わなければ」と反省することもある。気を取り直して何度か「どうして結婚したの？　しない方が好きなことができたやん」と聞いてみても、夫は「そういうわけにはいかんよ」と言葉を濁すばかり。夫と心を合わせて、と奮い起こした力が抜けてしまう。

そんな生活を続けていると、ふと遠い将来のことを考えてしまう。定年後、夫には古里に帰ってもらおう。自然に囲まれて暮らすのが好きだから。私は、ここでゆっくりと暮らす。

「夫婦一緒の老後って、あまり考えていないんです。これ以上、夫といることで仕事を増やしたくないの」

智美さんは最近、食器洗浄乾燥機を購入した。食後に毎回いらいらするのはもう嫌。「相手に腹を立てるより、機械に頼る」と半ば開き直った。それで、夫へのわだかまりが消えたわけではないのだが。

◆夫とすれ違い、妻は悩み

2歳の女児がいる大阪府北部の主婦、博美さん（33）（仮名）には、夫（33）の忘れられない一言がある。「近所の人は楽しそうに子育てしてるのに何でお前はそんなにしんどそうなん？」

「体が震えるくらいに腹が立ちました」。夫は早朝から深夜までの勤務で、子どもと接するのは日曜くらい。実家も遠く、子どもの世話をするのは博美さんだけだ。気分転換の外出もままならないし、愚痴をこぼす相手もいない。それに対し、同年代の子どもを持つ近所の友人は実家がすぐそば。その夫たちは定時に仕事を終え夕方には家に戻り、多くの人が子どもの面倒を見ている。孤軍奮闘している博美さんと立場は全く違う。それなのに……。裏切られた思いだった。「子どもと家にいて、楽できていいなあ」と言われた時も、やり切れない気持ちになった。

「夫が仕事で忙しいのはよくわかっています。でも、子育てのしんどさも理解してほしい」。少しでも優しい言葉をかけてくれたら。その思いは消えない。

＊

阪神間に住む知子さん（30）（仮名）は、夫（36）が子どもに無関心なのが気になる。夫は帰宅すると、まずテレビをつけて画面に見入る。長男（3）が昼間、遊んだことなどを一生懸命話していても、生返事ばかりでちゃんと答えようとしない。「寂しそうな顔で、私の所に戻って来る息子がかわいそうで」と知子さん。

長男がテレビのスイッチを消して話しかけようとすると怒り、泣かせてしまうことも。そんなことを繰り返してきたせいか、最近は長男が父親と距離を置き始めたようで心配だ。「成長すれば、同性の親のアドバイスが必要になるかも。でも、このままでは信頼感を抱けないのでは」と心を痛める。

夫には「子どもの目を見て話してやって」と何度も言うのに、聞いてくれない。「どうしたらいいんでしょう」

＊

京都府に住む典江さん（32）（仮名）は、夫（31）との〈子育て観〉の違いに頭を悩ませている。誕生日やクリスマスでもないのに、長男（4）が欲しがるおもちゃを何でも買ってやるからだ。「モノを買い与えることで、子どもと接点を持とうとしている」ように見える。「買ってもらって当然、と子どもが思うようになるのでは」「おもちゃがないと遊べない子になるかも」という心配が尽きない。夫に注意すると一時はやめるが、またすぐ買うようになる。夫はインドア派だ。長男と接する時も、部屋の中でおもちゃで遊んだり、ビデオを見たりすることが多い。地方で育った典江さんは、もっと自然の中で、体を動かして遊んでほしいと思っている。

長男は「弟か妹が欲しい」と言っている。典江さんも希望はあるものの、「これだけ夫と考え方に違いがあるのでは……」と悩んでいる。

◆手伝いやスポーツ　自然な形で接すれば

「みなさんは子育て意識が高く、実は何も話す必要はないんです。本当は、ここに来ていないお父さんたちにお話ししたいんです」

兵庫県三田市男女共同参画センターで開かれた父親講座「男の生きかたセミナー　子どもと関《かか》わっていますか？　お父さん」。講師の兵庫県野外レクリエーション指導者協議会事務局長の栗木剛さんはこんな風に切り出した。参加者は、地域の父親7人で、いずれも30―40歳代。乳幼児から思春期を迎えた子どもたちの父親たちで、自発的に集まった。

父親の子育て講座への参加は全国的に低調だと言われている。「子育ては母親の仕事という『刷り込み』が根強い」（栗木さん）ためだという。大阪への通勤圏にあり、ニュータウン開発が進む同市には、マンションなどに子育て中の夫婦が多く住む。「帰宅が遅く、子育てを妻に任せきりの父親もいるだろうが、子ども好きのお父さんも増えてきた」と栗木さん。

参加した一人、会社員倉橋務さん（36）は「子育てに、母親も父親も分け隔てはない。家族が一緒に何かをする体験が大切だと思います」。

倉橋さんは、ちょっとした用事を、長男遼太郎君（5）と長女優美ちゃん（3）の2人と一緒にすることにしている。マイカーのタイヤを冬用に交換する際も、遼太郎君は「よいしょ、よいしょ」とタイヤを一緒に転がし、優美ちゃんは「はい、これ」と工具を手渡す。倉橋さんは「何気ないお手伝いだけれど、

子どもには〈楽しい遊び〉。一緒に楽しむことが、父親の子育てでは」と話す。

会社員の坂根裕之さん（37）は、小学1年の長男隆浩君（7）と近所の空手教室に通っている。「親子で同じ汗を流します。『父親はこうあるべき』と身構えるより、自然なかたちで接するのが必要ではないでしょうか」。坂根さんは、生後9か月の長女帆乃佳《ほのか》ちゃんの世話にも積極的だ。「帰宅の早い日、入浴は私の役目。最近、私の足を手で持って、つかまり立ちができるようになったんですよ」と笑顔を見せる。

「男親として、息子に厳しく、娘に甘くはないですか」という栗木さんの問いかけに、参加者からは「確かに娘のことはつい許す」「かわいがりすぎかも」の声が上がる。栗木さんは「子どもに対する自分の態度に気づくことがスタートです」と言う。

「最近は『会社を休んででも子どもと一緒にいたい』が本音のパパもいます」と語るのは子ども調査研究所所長の高山英男さん。しかし一方で、レジャーや外出時には、子どもの相手をするものの、夜泣きや着替えなど日常の接点を持ちたがらない父親がいることも指摘する。「まず、子どもと時間を共有し、妻の子育てを知る。そうするうちに、果たせる役割が見えてくるのでは」。それまで知らなかった家族のつながりも、そこに見えてきそうだ。

◆関心や悩み共有し、地域に溶け込もう

子どもたちの歓声が上がる。父と子の笑顔がはじけた。高知市内で先月開かれた、テーブルロールやフレンチトーストなどのパンを作る教室。参加者は2歳から10歳までの子ども20人と、父親15人。母親の姿は見あたらない。「こうちパパ楽会《がっかい》」の初めての催しだ。

小麦粉や砂糖の量を計るのに四苦八苦したり、父と子で力を合わせて生地をこねたり。子どもたちはすぐ仲良くなったが、父親の方はなかなか打ち解けない。それでも、作業を進めるうちに徐々に言葉を交わし始めた。「3歳になったらあちこち動き回るから大変ですよ」「じゃあ外を歩く時は気をつけないと」

長男（3）と参加した公務員寺村禎人さん（33）は「父親同士が仲良くなる機会は少ないのでうれしい。情報交換の場にしたい」。中平公哉さん（46）は主夫。普段、2歳の長男と接する機会が長いだけに「他の父親と子どもとの接し方を見ることができて、参考になった」。

「こうちパパ楽会」は2004年6月に結成された。代表の会社員、松田高政さん（32）は2歳の長女がいる。なじみの美容院で、店主で2児の父親の浜田康裕さん（34）らと「父親の悩みや相談を打ち明ける場がない」と話すうちに、「それなら自分たちで場を作ろう」ということになったのだ。今後は小児科医を講師に、子どもの病気やけがの対処法なども学ぶ予定だ。

会の名称には「子どもと向きあうのは大変だけど、その大変さを楽しもう」との意味を込めた。年齢や職業を問わず様々な父親に参加を呼びかけている。松田さんは「仕事と子育てとの両立などについても、

互いに知恵を出して話し合っていきたい」と意気込んでいる。

＊

1―3歳児の育児をテーマにした雑誌「たまひよこっこクラブ」（ベネッセコーポレーション）は、不定期で「パパ新聞」というコーナーを設け、子どもとの遊び方やしかり方、子どもと訪れるスポットなどを紹介している。子育てに父親を巻き込んでいこうというのが狙いだ。

一方で副編集長の井上司さんには気になることがある。アンケートなどを通して「夫が子育てにかかわらなくても仕方がない」といった母親の〈あきらめ〉の姿勢が目立つというのだ。「時間的な制約はあるかもしれないが、子育ては二人でする、という意識を持ってほしい」

＊

子育てに積極的にかかわってきた立命館大学産業社会学部教授（臨床社会学）の中村正さんは、子どもが小さいころ、知りたいことがあると、近所のお母さんたちに尋ねた。病院や食べ物、衣服など地域に密着した実に様々な情報が得られた。「尋ねると、皆さん喜んで教えてくれましたよ」

中村さんは「子育ては、地域社会に溶け込む大きなチャンス」と強調する。乳幼児の親は同じような関心や悩みを持つ。共通のテーマを通して交流が広がり、深まるからだ。子育てをする場所が、〝第二のふるさと〟になるという。「仕事とは違った肩書や立場で、交流し、行動することができる。子育ては父親自身にとっても役立つ体験です」

◆育休取得まだ少数　普段の生活で時間作って

大阪市女性協会の職員、吉本康二郎さん（35）は1年間、育児休業を取り、長男（1）の成長と間近に向きあった。

元々は一般企業の営業職だったが、「マイペースの生き方をしたい」と6年前に転職。そのころから、子どもができたら育休を、と考えていた。妻（34）は大学の教員。夫婦別姓で、籍を入れない事実婚だ。普段から家事は分担しており、吉本さんが育休を取る事もあらかじめ決めていた。しかし、同協会でも男性の育休取得は初めて。「職場に迷惑がかかるのでは」「自分の仕事はどうなるんだろう」。そんな不安が募ったが、子育て経験のある上司らの応援もあり、決断した。

「子どもと一緒で楽しいはず」と期待していた育休は、苦労の連続だった。外出しようと服を着せるとミルクを吐いて一からやり直し。「大人の都合は聞いてくれないと痛感しました」。子どもと2人きりの生活は孤独感が募り、妻が帰宅すると愚痴をこぼした。ただ、吉本さんは男性の家庭内暴力克服を支援する活動を行っていて、メンバーと話をする機会も多かった。「妻にすべてぶつけてしまうと、お互いにしんどい。第三者がいてよかった」と振り返る。もちろん、妻もすべてを夫に任せていたわけではない。子どもが生まれる前は、子どもが好きじゃないと思い込み、「子育てのメーンは夫」と考えていたほど。ところが、長男が生まれると「少しの間でも一緒にいたい」と子育てと仕事に力を注いだ。

その中で吉本さんが感じたのは「分担の難しさ」だった。子育てには、「ここからここまで」といった明確な線引きがない。自分がやってしまった方が早いこともあった。妻も「自分が頑張ることで、育休を取った彼の生活パターンを乱したかもしれない」。

父親が育児休業を取ったから、すべてが解決するわけではないと吉本さんは思う。むしろ、互いが「自分のこととして」子どもにかかわっていければと考えている。

＊

男性の育児休業取得は、まだごく少数だ。厚生労働省によると、2005年度調査の育児休業取得率は女性が72・3％なのに対し、男性は0・5％。前回調査時（2004年度）より女性は1・7ポイント上がったが、男性はわずかに下がった。職場の雰囲気などが原因と見られる。

少子化を何とか食い止めようという「次世代育成支援対策推進法」が2003年成立した。企業に対して、育児と仕事が両立できる職場環境づくりのための行動計画を策定するよう求めている。「男性の育児休業取得者がいる」などの条件を満たせば、優良企業として認定される。

「男も女も育児時間を！関西連絡会」会員の梶田淳平さん（45）は「わずかでも前例ができれば、職場や男性の意識も変わっていくのでは」と期待する。

子どもに向きあうにはそれなりの時間が必要だ。一足飛びに育休は難しくても、普段の生活の中で時間を作っていくことは可能だ。子どもが小さいころ、精密機械メーカーに勤めていた梶田さんが参考にしたのは子育て中の女性社員。昼間、集中して仕事をこなし、早く家に帰る姿を見て、「残業してやればいいと案外だらだら仕事をしていた」ことに気付いたという。

「仕事ももちろん大切です。でも、会社との付き合いは定年までなのに対し、子どもとの付き合いは一生。だからこそ、父親も子どもが幼いころから、ちゃんと向きあうことが必要なのです」

◆仕事で存在感希薄　母として不安

「子どもと向き合う時間をもっと作れないの」。会社勤めの夫を持つ母親たちの共通する思いだ。

1歳3か月のヒトミちゃんを育てる兵庫県尼崎市の主婦あけみさん（29）（仮名）は、コンピューター会社に勤める夫と子どもの接点の少なさにいらだちを覚える。夫（32）は平日、帰宅が午後11時過ぎになる。土曜はほとんど出勤、日曜も仕事でつぶれることが多い。「たまに休みが取れ、時間があっても、疲れている様子で育児を頼めない」。知り合いのお母さんたちは「夫が洗濯や料理を積極的に手伝ってくれる」という。その度に「ウチと違う」と悲しくなる。

あけみさんがベランダに出たり、トイレに入ったりで姿が見えなくなるだけでヒトミちゃんは大泣きする。

ホームコメディーの洋画ビデオなどを見て気分を変え、ストレスがたまると一時保育に預けたり、実家に預けたりでしのいでいる。「あなたが忙しい時は、私も育児と家事にかかりきり。同じように疲れているの」。夫にそう叫びたくなることもある。「ほかのお母さんたちは一体、どんな風に息抜きしているのかな」

＊

1歳半の男の子がいるキミ子さん（32）（仮名、京都府）も「子どもが朝食の時間くらいしか父の顔を見ない。土曜、日曜の午前中に一緒に公園に出かけることはあるが、『ハー、これでおれの役割は終わった』と後は私任せ」と話す。里帰り出産をし、入浴や寝かしつけ、食事の世話はすべてキミ子さんがしている。「育児のしんどさ、大変さをわかってくれていない」。そう実感する。「説明するより期待しない方が自分も楽」と思う反面、父親とのかかわりが薄いまま子どもが成長することに疑問も感じている。

＊

サラリーマン世帯には、転勤がつきものかもしれない。しかし、子育て夫婦にとっては、夫の転勤で〝父親不在〟になることが、大きな負担になる。兵庫県に住むクミ子さん（37）（仮名）は今、韓国に赴く夫（37）の転勤問題に直面している。当面、単身で行くため、小学4年生の息子（10）と2人きりで残ることになる。「男の子なので頼りがいある父親が必要と思うのですが……」。クミ子さんは持病を持ち、夫不在の暮らしに不安も感じる。「万一の時、すべての責任が私にかかる。夫は身近にいて、何でもすぐ相談できる存在であってほしい」

2章

夫と妻と子育てと——まず語り合い、本音知ろう（2002年1月27日＠大津）

司会　蓮舫さん（キャスター）
大森一樹さん（映画監督）
鹿田由香さん（滋賀子育てネットワーク代表）
木戸口公一さん（大阪府立母子保健総合医療センター企画調査部長）
大八木淳史さん（元ラグビー日本代表）
大日向雅美さん（恵泉女学園大学教授）

◆男は格好つけたい／夫婦の感覚にズレ

蓮舫　私も、子どもが1歳のころは夫にぶち切れていた。でも、頑張っていることを一番身近な夫がわかってくれないと救われない。

鹿田　妻の子育ての大変さ。想像がつかないんでしょうか、夫には。

木戸口　僕も「なんでビールが冷えてないんや。何してたんや」と怒ったことがある。僕は息つく暇もなく仕事している。それに比べ、授乳は3時間おき。その間、

妻から

▼必死で子育てしているのに、「子どもは一人で大きくなる」など、夫の言葉に、ぶち切れそうになることがあります。（30歳の主婦）

▼ぐちをこぼすと「よその母親を見ろ。どうしてお前はできないのか」と言う。（32歳の主婦）

買い物もできる、ビールを冷蔵庫に入れられる。妻は昼間、自由な時間がたっぷりある。夫のそんな発想が根本的なずれ。妻にしてみれば「ビールも冷やせないほど大変だったのか」という発想の転換をしてほしかったと。

大八木　僕も人前では「子どもは勝手に大きくなった」と言う。格好つけたいんですよ男は。もちろん、妻はものすごく怒る。だから、後でちゃんと土下座します。

大森　日本の男性は感情の表現が不器用で、土下座するしかないとしても、言葉には気をつけたい。

蓮舫　家庭で育児をする妻と働く夫との間では、言葉の使い方にずれでもあるのでしょうか。

大日向　同じ日本語なのに、言語形態が違うんじゃないかと思うほど。道路にたとえると、企業の言葉は高速道路。上から下への命令系統で、一直線に目的に向かって流れていく。一方、子どもと向き合う場面での言葉は一般道路。信号待ち、渋滞、右へ左へと迷走し、目的地さえもわからなくなる。できれば夫と妻も、企業と家庭の両方の言語を使い、語り合う時間があれば、気持ちも通じる。まず、夫婦間のきずながあればということなんですが。

司会　キャスター
蓮舫さん

物事は5年単位で見ろと言った父。私はわが子の将来の幸せを考えています。

映画監督
大森一樹さん

子育てでかっとうすることで親も成長できる。夫婦げんかもいいが、自分の中でのけんかを。

大森　妻は子育ての、夫は仕事の大変さをわかってほしい。でも、「わかってほしい」とは、どういうことなんでしょうか。「はい、わかりました」では済まない問題がある。

鹿田　うちは時々、子どもが寝た後、夫がコーヒーを入れてくれます。それだけでうれしいのです。私も、時折、夫にお酒を用意したり。

大森　わかってほしいということの答えはそういうコ

滋賀子育てネットワーク代表
鹿田由香さん

子育てが脚光を浴びています。社会を変えるのは私たちと、声を上げてみませんか。

ーヒー一杯にあるのかも。

大日向　そう。妻は「大変だね」と頭をなでてほしいわけじゃない。これでは対等ではない。妻は夫に、一人の人間としてしっかり、真っすぐ見つめてほしいというのが願いなのです。息抜きの旅行や花のプレゼントもうれしい。でも、「私がここにいるのよ」ということを認め、「子育て後の人生は」と言った時に、向き合ってくれる。そこに花はいりません。会話があれば十分なのです。

働く父親は

▼夫は毎晩2か月の子をふろに入れるなど育児には協力的。でも、早く帰ろうにも難しい職場の雰囲気のようです。（31歳の母親）

◆「つらさを自慢」ダメ／成長の喜び二人で

木戸口　理解のある男性が増えていますが、育児は日曜大工や男の料理と同じじゃない。趣味のようなつもりでいると、子どもの病気など重大な事態で、うろたえることになる。あえて辛口の意見を言いたい。

大八木　仕事も家庭も全部うまくいくなんて不可能だと思うんですが。

会場の男性　僕も最初は妻子を食べさせなければと仕事を優先してきました。でも、転職し、本当にそれが正しいのかと考えました。時間は作れる。どれだけ子どもにかかわろうとするかだと思う。

大森　今は社会に参加するより、子育ての方がずっと創造的。初めてしゃべった、立った、といった〝歴史的な出来事〟が見られることに価値を置けば、子育てを、となる。ぼくは仕事で見られず残念でしたが。

鹿田　それは、たまの出来事だから言えるのでは。夫婦で子どもの成長を喜べることが一番です。

蓮舫　「自分は働いているのに妻は楽しんでばかり、と夫がひがんでいる」との声もあります。

会場の女性　うちは共働きですが、家事量が夫と全然違うんです。

木戸口　健康診断で、30歳代後半からの男性に異常が見つかる。多忙でストレスいっぱい。男性のわがままも、許してほしいですね。

大日向　国の社会生活基本調査（１９９６年）の結果を知っていますか？　平日の専業主婦家庭の夫の家事労働時間は15分、共働きでも、妻の４時間23分に対し夫は11分に過ぎません。

大森　仕事も大変、子育ても大変。夫婦でつらいと自慢し合うよりも、それが当たり前と大変さを楽しんで、つらさを乗り越えなければと思います。

大阪府立母子保健総合医療センター企画調査部長
木戸口公一さん

妊娠は夫婦のあり方も問う負荷検査。子育てを損得で考えず、生き方を考える好機に。

元ラグビー日本代表
大八木淳史さん

子どもは親を選べないし、子どもの代役はいない。全部ひっくるめて受け止めたい。

揺れる夫婦

▼１歳８か月の娘は夫には素直だが、私には挑発的。腹が立ち、夫に冷たい態度をとってしまう。眠る時は私の布団で手を握ってくる娘。夫にも娘にも優しく接したいのに、疲れてできない。（30歳の母親）

◆妻へのサポートを

大日向　発達面から言うと、1歳8か月は「よそゆきの私」とそうでない私を使い分けられるころ。頼るのはママだけど、パパにはよそゆきの顔。夫に「ママの言うことを聞かないとパパも怒るよ」というふうに妻をサポートする姿勢が欲しい。

木戸口　男性は、そのサポートがへたですね。また、

恵泉女学園大学教授
大日向雅美さん

夫と大いにけんかを。裸の気持ちをぶつけられる相手が家庭にいることは、大事です。

なぜ妻がいらいらして怒るのか知ろうとしない。

蓮舫　「夫は平日は午前様。休みの日に子どもと過ごしても気持ちが分からず、子どもは泣き出す。いらいらして私は子どもに当たってしまう」との相談もあります。

大八木　家に帰りたくない気持ちもあるのでは。僕も昔はラグビーの練習後早く帰れる時でも、子どもがうるさく言う家には帰りたくなくて、後輩を誘い飲みに行ったことがある。

大日向　でも、妻のSOSを受け止めずに放っておけば、結局帰る家がなくなってしまいますよ。互いに話さなくてもわかると思ってしまうのが夫婦ですが、妻の側も1週間のタイムスケジュールを作って「こんなにほっとする時間がない」と、夫に渡してみるのもいいですね。

大森　夫だけでなく、いろんな形で他の人とつながる

努力も必要では。そうでなければ、でどんどん煮詰まってしまう。

3章

家庭と仕事

出産は働く女性にとって大きな転機となる出来事だ。育児休業や職場復帰前の研修など、スムーズに復職できるようサポートする制度は整いつつある。しかし、その後は？「働き続けるのは、結局子どもにマイナスなのでしょうか」「夫は『家事、育児は完璧に』と言いながら協力はしない」……。母親たちの声は悲痛だ。

◆アメリカでは――多様な働き方に理解

世界をリードするIT企業が集まる米・カリフォルニア州シリコンバレー。この町に本社を置く半導体企業アプライドマテリアルの社員パルミラ・ポーリックさん（37）は昼休み、本社から車で約10分のところにある保育所へと向かった。保育所では、ちょうどランチの時間。時折、こうして2歳の息子と一緒に昼食を囲む。今は小学校に通う8歳の娘とも、保育所時代は、昼食の時間を共にしてきた。

長女が1歳の時に同社に転職して、7年になる。マーケティング部門から、人事部へ。企業の激しい人材獲得競争に勝ち抜くための有名大学からの採用計画や、社内研修プログラムを担当している。「家庭と仕事の両立は大変。でも、充実しています」。

この間、苦労もあった。アメリカには、日本のような1歳までの育児休業制度はなく、家族医療休暇法で認められた12週間の無給での休業があるだけだ。出産後、3か月休んだだけで復帰したが、全米でも有数の保育所不足の地域。ようやく入った保育所も午後6時半に閉まる。それ以降の報告は電子メールやファクスを利用する。仕事に必要な書式や資料をコンピューターにまとめておくなど工夫して、窮地を脱した。

休業中も、職場とのコミュニケーションを欠かさなかった。時間を決め、自宅と職場をつなぐ定例の電話会議に参加、あるいは、スタッフを自宅に招き、話し合いの場を持つなどした。

働き方が、こんなだったからといって、マイナスの評価をされることもなく、3度、昇進した。現在は課長級の中でもトップレベル。「どの企業でもやっていけるし、いつ辞めてもいいというぐらい精いっぱいやった」とパルミラさんは話す。

「夫は新しい仕事を始めるために、自宅にいますが、夫が起業したら、次は私の番。お互い、バトンタッチしながら、人生を楽しんでいきたい。そう話し合っています」

日本の母親たちはパルミラさんのような充実感を得ているだろうか。

女性が働き続ける上で最大の壁となる出産・育児。日本では2004年育児・介護休業法を改正し、3歳未満の子どもを持つ従業員への短時間勤務制度を義務化するなど内容を強化。待機児童ゼロ作戦を旗印に、保育所の規制緩和も進めている。

にもかかわらず、２人の子どもを抱えながら総合職として機械メーカーで働いている智子さん（36）（仮名）は言う。

「女性、総合職、子どもがいる。そんな私は、会社にとって〝置物社員〟なんです」

大学の理工系学部を卒業、入社して14年。育児休業後、「出張、残業は無理だろう」という上司の配慮で、それまでの設計から図面管理へ。異動は続き、その度に専門から遠ざかった。同期の男性が重要なプロジェクトを切り盛りする姿を見て、退職を考えるようになった。退職の時には「家庭と仕事の両立ができないから」と説明するつもりだ。「本音をぶつけるより、納得してくれると思うんです。『やっぱり両立は難しいねえ』って」。今年、下の子どもは小学校に入る。

目前にある少子高齢社会。育児・介護の責任を抱えながら働く社員たちに、どのような対応をしていくのか、企業は問われている。

◆昇進など待遇均等か……不透明

製造会社で働く美智子さん（39）（仮名）は、女性には一つの壁だった課長級へ昇格した。うれしい反面、女性社員のモデル的存在に押し出されることに「どうして私が」という思いをぬぐいきれずにいる。

管理職への登用など、女性の活用を柱にした社内の人事改革に携わったことがある。育児休業を利用した女性社員が何を求めているのか。同じ取得した者の立場で、調査に乗り出したが、思いがけない言葉が待っていた。「私の思いはあなたには伝わらない」。出産前にはＩＴ技術や語学力などを生かし、働いていた母親たち。ところが、復帰後、何年たっても、海外出張から外されたままの人。空回りするだけの家庭と仕事の両立に疲れ、辞めた人もいる。「なのに、今さら、何を聞くのか」と言うのだ。

確かに、自分は上司に恵まれ、実力をつける機会も与えられた。でも、それと同じだけ、努力をしてきた自負がある。月に何度かは夫に頼み、残業をする。計画を立てて仕事に臨んでいる。「それも、結局は運がよかったということになるのかも知れません」

育児休業制度の導入で、出産、育児による退職は減った。しかし、その後はどうか。働く母親の間で、「出産前は均等法。出産したら育児休業。復職したら、何もない」という言葉すら交わされる。

「育児休業制度で仕事を辞めずにすんでも、復帰後、その人の能力が十分に発揮できなければ意味がありません。ところが、復帰後が一番、指導しにくい部分なんです」と、元厚生労働省兵庫労働局均等室長渡辺紀子さん（60）は説明する。

「配置換えは本人が希望したからだ、能力が落ちた。そう企業に説明されると、外からは手の打ちようがない」

そうした難しさは厚生労働省が行っている「ファミリーフレンドリー企業表彰」にも見られる。家庭と仕事の両立支援策で成果をあげている企業を選び、表彰することで、育児・介護休業法を推進していこうというものだ。育休後の復職率を3年前までさかのぼって、定着状況をチェックする。休業期間を独自に

3年とするなど、企業が法を上回る取り組みをしているかどうか、特に、男性の育児休業取得者の有無が評価の決め手となる。ところが、取得後の勤続年数や昇進、昇格などは、法律の直接の目的ではない。かといって、男女雇用機会均等法を軸にする「均等推進企業表彰」にも、そうした項目は評価基準に入っていない。能力発揮のための研修制度や管理職への登用を進めているかがポイント。休業後の格差をみるわけではないからだ。

一方の企業も、ファミリーフレンドリーや均等推進を掲げるところは増えている。しかし、休業後の勤続年数や能力発揮事例などについては即答できない。社内の共働き率を挙げ、今後の人事・労務管理を語る企業も少ないのが現状だ。

ファミリーフレンドリーと均等待遇の間で、揺れる母親たち。大阪経済大学助教授（労働問題）の伊田広行さんは「これから、介護や育児を抱えて働く人はますます増える。男女を問わず、働く人はだれもが家庭への責任があり、アフターファイブという自分の生活がある。それをマイナスとする今の職場のやり方は限界だ」と指摘する。

◆人材獲得への経営努力

「改正内容は分かった。それで、どうすれば違反に問われないのか」

2002年2月中旬、大阪市内で厚生労働省が行った企業向け改正育児・介護休業法説明会。真っ先にあがった質問に、居合わせた関係者はこうもらした。「育児休業を導入するのは、法律があるから。それが企業の本音なんですね」

4月からの法改正で、短時間勤務などの対象をこれまでの1歳未満から、3歳未満の子どもを持つ従業員とする。就学前の子どもを持つ親への看護休暇制度を努力義務とするなど、一層の努力を企業に求めている。ところが、多くの企業は、法律以外に、積極的に取り組むだけの理由が見あたらない。両立支援の効果が「わからない」とする企業が約半数（日本労働研究機構の調査）もある。次々強化される法律の内容に、「なぜ、福祉の肩代わりをさせられるのか」との声も聞こえる。国はやる気を引き出そうと、各種助成金を設けている。しかし、退職による損失と代替要員の給与など育児や介護支援にかかわるコストを「実際に計算した企業は皆無」（関西経営者協会の豊田伸治専務理事）。国も、企業側も、どんなメリットがあるのかを明確にできない中で、企業内託児施設助成金への申請は2000年、保育遊具などの購入を含め186件、休業代替要員への助成金は26件という状況だ。

打つ手はないのか。「企業の目的は利益。税制面の優遇措置があるなど、コスト面のメリットがなければ、動機は弱まる。正義感や理解に訴えてもだめ」とコンサルタントのセレーナ・パガーニ・トゥシナントさん（米・カリフォルニア州）は指摘する。

これまで多くの企業に対して、効果的な両立プログラムをアドバイスしてきた経験から、「経営側にとって最も恐ろしいのは人材がいなくなること。両立支援はその危機への対応策なんです」とも言う。例えば、アウトドア用品メーカーのパタゴニア社（本社・カリフォルニア州）。企業内保育所、育児休業による代替要員などの出費は年間約58万5000ドル。それに対し、離職率低下による人事コストの削減、州政府の税控除など同じく58万8000ドル。計約3000ドルの黒字と収支を明確にしている。連邦政府・司法省では1990年代半ばから、「家庭と仕事の両立ができない」と、離職するFBI捜査官が相次いだ。そこで、同省は捜査官一人の育成費用と離職によるコストを計算。約12万5000ドルの損失が判明し、捜査官を対象にしたパートタイム制度を導入。損失額を4万5000ドルまで削減した。同省の担当者キャサリン・ウルフさんは「効率の良い人事管理をしなければ、税金の無駄遣い。両立できず、人材が流出すれば、市民サービスも低下する。民間企業のモデルとしても、政府の役割は大きい」と話す。

日本でも、こうしたアメリカの動きに敏感な企業も出てきた。2000年度のファミリーフレンドリー企業表彰で労働大臣努力賞を受けたワコール（京都市南区）。人事部課長の長谷川貴彦さんは「企業間の競争は国際レベルでの人材獲得競争でもある。海の向こうの進んだ国の話ではないんです。家庭と仕事を両立できる職場作りは、経営努力そのもの。その競争が始まった」と言う。

◆両立支える現場を圧迫

4月。新入りの赤ちゃんや子どもたちの歓声で、保育所はいつにもましてにぎやかだ。「この仕事が大好きなんです」。保育士の晴美さん（35）（仮名）はもう半袖のTシャツ姿。小学1年生の子どもを持つシングルマザーだ。子どもが2歳の時に離婚。以来、都市部の公立保育所で臨職の保育士として働いている。

臨職、つまり「臨時的任用職員」。正規職員の育児休業などの代替要員や一時的に人が不足する職場を補う人たちのことだ。6か月の期間で契約。その後も契約更新などを重ね、働き続ける人も多い。晴美さんも、この職場に6年。朝9時に出勤し、延長保育対応の遅出や土曜出勤もこなす。障害児保育やクラスの副担任など、仕事内容も労働時間も正規職員と変わらない。待遇は正規職員に及ばないものの、手取りは月16万円。年休が10日、ボーナスもある。家計をやりくりし、最近、小さなマンションを購入。月10万円のローンは痛いが、「私と子どもの家」が心の支えだ。だが、こうした生活をいつまで続けられるのか。そんな不安を感じるできごとがあった。

「一種のワークシェアリング」。こうした説明とともに、厚生労働省は、週30時間までのパート保育士の人数制限を撤廃する方針を固めた。60人規模の保育所なら、正規職員が3人いれば、数字上、残り全員がパートでも良い。目的は延長や夜間など多様な保育ニーズへの対応。もう一つは育児や介護の両立など、「保育士の多様なライフステージに応じた働き方を可能にする」ことという。保育所運営側、特に、自治体にとっては人件費削減が期待できる。正規職員の給与1人分で何人かを延長保育などに投入でき、しかも、「雇用の創出」につながる。

しかし、真っ先に「ワークシェアリング」を求められるのは――。晴美さんは危機感を抱く。正規職員に準じた待遇がされる臨職と違って、パート保育士の時間給は約800円―1000円程度。一部の自治体では、臨職の契約を打ち切り、早朝、夕刻の延長保育時間を、パートに切り替え始めている。そうなれば、晴美さんは家庭と仕事の両立どころではない。

働く親のニーズに応えるために、より多くの人をより安い人件費で。そんな発想は、保育に携わる人全体の賃金をパート並みへと引き下げつつある。「それぞれのライフスタイルにあった働き方」という言い回し。その陰で、「何のための保育士資格なのか」という声も出ている。

「ワークシェアリングは、自立できない職業を増やすことではない」と龍谷大学教授の竹中恵美子さんは批判する。長時間、働くことを求める職場。そんな職場で働く親のニーズが、仕事の両立に欠かせない介護や育児に携わる職場の人を圧迫する。「親が一方で被害者に、一方で加害者になる。この皮肉な仕組みを変えなくてはいけない。男女が平等に、家庭と仕事を分かち合おうというのが、ワークシェアリングの意義だったはず」と竹中さん。

子ども情報研究センター所長の田中文子さんも親に問いかける。「極端に言えば、1日に何人も保育者が入れ替わる中で、子どもが安心して過ごせるでしょうか。この影響は子どもを託す親に跳ね返ってくる」と。

◆企業も「優秀な人材逃したくない」

「女性だから、子どもがいるから。そんな評価に一番、とらわれていたのは、自分自身。転職した今、そう思います」

小学3年生と保育園児の子どもがいる敬子さん（38）（仮名）は2000年にアパレル会社から小さな出版社へと転職した。女性、年齢の壁、子ども。男性でさえ再就職が難しい時代に、極めて不利だ。それでも転職を決めたのは、華やかな経歴やずば抜けた専門性ではない。育児をしつつ働き、地道に培ってきた実力だった。女性初の総合職。だが、6年もすると後輩の男性社員に追い抜かれる保守的な職場。その中で、社内報や広報体制の発案など足場を固めてきた。2度、育児休業から復職。保育所とベビーシッター代とで多い時は月額22万円も支払い、働いた。しかし、望んだ転勤は見送られ、3年前には担当部署が大幅に縮小。戦力外通告ともいえる社の評価に、「自分の価値を確かめたい」と転職活動を開始。身につけた編集力を示すため、履歴書を自分で作った。新聞の求人欄を頼りに約20社をあたった。意外なほど、子どものことを聞く会社はなかった。そのうちの1社が今の職場。給与は1割アップし、この春には、広報宣伝課長に抜てきされた。

男女雇用機会均等法施行（1986年）から16年、育児・介護休業法施行（1992年）から10年。新しい時代を象徴するかのように、総合職、ワーキングマザーと形容されながら、母親たちは自分が選んだ生き方に、ため息をついてきた。「一度辞めれば、パートか専業主婦。技術者になりたいとがんばってきたことは何だったのか」「ここで辞めても、もう子どもとの時間は戻ってこない。過去と未来を一度に失う」

そんな中でも、地道に実力をつけてきた母親たちが、転職市場に挑み始めている。加速させるのは自由化された有料職業紹介。企業の依頼を受け、人材紹介会社が転職を求める人とのマッチングを行う。求職者側は無料で利用できる。

「必要な人材を探すために、企業はコストをかけており、男女、子どもの有無にこだわって、選択肢をせばめる余裕などない。一方、目的を持って働いてきた女性ほど、育児をきっかけに自分のキャリアを見つめ直す。その分、働く意思も、求めるものも明確。正社員で売り込むべきだと思いますね」と、外資系への転職を専門に扱うコンサルティング会社オークアソシエイツ（大阪市）の古大工真規さん（37）。

会計士の資格を持つ母親が高収入の転職を決める。「子どもが小さいので単身赴任は無理」と転職で乗り切った母親も。

大手人材紹介業、リクルートエイブリック（東京）でも、年間登録者数約3万5000人のうち16％が女性。実際に転職を決めるのはその4分の1だが、製薬、ベンチャー、人事など転職先は男性と変わらない。

同社のウーマンズ・キャリア・グループマネジャー毛利芳江さんも「優秀な人材を逃したくない企業は育児や介護への対応を考えている。女性も育児をマイナスにしない働き方を身につけてきた」と話す。

働く女性の割合を示す労働力率は、育児を担う30代前半で大きく落ち込む。61・4％（2004年）という数字は両立の難しさを映し出す。だが、その数字を支えるのは、一人ひとりの親たち。それでもなお、がんばる親の姿でもある。

〝即戦力〟退職――「損失」の認識

従業員の子育て支援に取り組む企業が増えている。社内に保育施設を設けたり、出産時にまとまった額の祝い金を支給したり。2005年4月に次世代育成支援対策推進法（次世代法）が施行されたことの影響に加え、「出産で人材が退職するのは、企業にとって損失」との考え方が広がりつつあるようだ。

＊

大阪市中央区・淀屋橋のオフィス街。保育士に連れられた幼児5人が歩いている。ソフト開発会社「日本システムディベロップメント」（NSD）が、本社ビル13階に2004年5月に設けた保育園に通う子どもたちだ。2歳の男児を預けている松岡久美子さん（33）は、ここが出来るまでは、無認可保育所に週3回、残りは実家に預けてしのいでいた。以前は別の会社に勤めていた柏原紋子《あや》さん（34）は、出産を機に退職したが、社内に保育園があると知り再就職した。「何かあったら内線電話で連絡があって、すぐに駆けつけられる」と話す。しかし、利用者は5人と少ない。通勤電車に幼児を同行させることに抵抗感があるらしく、総務部長の三上正秋さんは「時差通勤とセットにする事も検討したい」と言う。

ベビー用品メーカーの「コンビ」は2002年、子どもができた男性社員に、5日間の育児休暇取得を義務付け注目された。翌年には社員の第1子、第2子出生時に50万円、第3子には200万円の祝い金を支給する制度を創設。2005年4月からは、育休から復帰した社員で、育児時短制度を利用しない場合、3歳まで月5万円、5歳まで月2万円を支給する制度もスタートさせた。同社はこれまで様々な子育て支援策を打ち出してきた。経営企画室の藤真弓さんは「『子どもがいてもバリバリ働きたい』という社員への支援がないことに気付いた」。出産前と同じように働くなら、保育の延長やベビーシッターを頼む事もある。その分が月々の支給額という訳だ。

一定規模以上の企業に仕事と家庭の両立のための行動計画策定を義務づけた次世代法の施行以来、大和ハウス工業が子ども1人出生に対して100万円の支給を始めるなど、企業の支援策は広がっている。

企業の担当者は「法律だけが支援策の直接の動機ではない」と口をそろえる。「ソフト開発の仕事は、男女関係なく活躍できる。出産で人材を失うのはもったいない」とNSDの三上さん。コンビの藤さんは「子育て支援は、会社の『持ち出し』と思うかも知れないが、違う」と強調した。新人を育てるために必要な時間とコストを考えれば、即戦力である子育て中の社員に残ってもらうメリットは、会社にとって大きいと考えている。

◆厳しい現状に支援の輪――出産しても働きたい

もう一度働きたい――。子育て中の女性の再就職を支援する国や民間の取り組みが広がっている。一方で「妊娠、出産」が仕事を辞めるきっかけになっている厳しい現状が横たわる。

「電話1本から道は開ける。自信と勇気を持ってチャレンジしてみてください」。兵庫県川西市男女共同参画センターで2005年9月に開かれた再就職準備セミナー。講師の「企業塾Ｄｏ－ｉｎｇ」（大阪市）代表の古川沙智子さんが社長の視点をふまえた求人広告の見方や面接のマナーなどを紹介すると、主婦ら約30人が聞き入った。久美子さん（33）（仮名）は5年前、出産で退職したが、来春、長男が小学校に入るのを機に仕事探しを始めた。「生活のためだけではなく、もう一度社会に出たい。講師たちの話に、とても勇気づけられた」

21世紀職業財団によると、2004年度、再就職希望支援事業の登録者は約3万4000人で、うち約8500人がセミナーを受講した。

ＮＰＯ法人「おふぃすパワーアップ」（京都市）は2005年4月、ハローワークの活用法や保育園情報などを冊子『再就職したい！ママのためのお仕事復帰マニュアル』にまとめた。半年間の編集能力ＵＰ講座に参加した母親たちが取材、執筆したもので、互いに励まし合った14人のうち9人が再就職を果たした。自治体などから「参考にしたい」と問い合わせがある。代表の丸橋泰子さんは「再就職に必要な情報

を集めるのは子育て中のお母さんにとって大変。多くの人に役立ててほしい」と話す。

厚生労働省の調査によると、仕事を持つ女性の6割が「第1子」の出産を機に離職している。中には「働きたいのに」と悲鳴にも似た声が聞こえてくるケースもある。

「働き続けたいならいったん退職し、その後嘱託か派遣として勤務してほしい」。中堅商社に勤めていた優子さん（32）（仮名）は育児休暇を申し出た際、上司からこう告げられた。理由は「経営状態が厳しい」。リストラが進んでいた。でも、まさか妊娠を理由にリストラされるとは……。悔しさとむなしさで胸が詰まった。結局、3か月後に退職した。

妊娠・出産を理由にした解雇は法律で禁止されている。だが、こうした事例は後を絶たず、全国の雇用均等室が紛争解決の援助に乗り出した件数だけを見ても2003年度は96件、2004年度は106件と増加している。「妊娠・出産」を直接の理由とはせず、「人員削減、経営悪化」を盾に退職などを求めるケースが目立つ。

現在、歯科助手のパートとして働く優子さんは「いくら制度があっても職場の理解が得られなければ活用することは難しい」という。将来、歯科衛生士の資格を取ろうと思っている。

◆高まる〈非正社員〉の需要

育児や家庭との両立のため、派遣社員やパートという働き方を選ぶ女性が多い。こうした動きに人材派遣会社も待遇改善など支援充実に乗り出した。

人材派遣会社「インテリジェンス」は、働く母親を支援する「マザーネット」と共同で2005年8月、「ワーキングママ&パパ　サポート・プログラム」を始めた。派遣スタッフの仕事と育児との両立を、出産前から職場復帰まで支援するもので、急な残業や子どもの発熱にも対応できる在宅ケア、相談窓口の設置などきめ細かいサービスが特徴だ。

「フジスタッフ」は託児サービス付きの派遣登録会を開いているが、キャンセル待ちが出るほど。認可外保育園に子どもを預ける派遣社員には、保育料を補助している。「パソナ」は主婦向けのセミナーを開催。パソコン技能などを学ぶ研修もあり、これまでに約200人が受講し、うち1割が職場復帰をしているという。

なぜ子育て世代の支援に力を入れるのか。働き方の多様化とともに派遣やパートなど正社員以外の〈非正社員〉のニーズが高まっているからだ。

厚生労働省の調査では、労働者に占める〈非正社員〉は3人に1人。しかし、派遣で活躍する20代後半から30代前半は出産を機に辞めるケースが多く、スタッフ不足は深刻だ。「やりがいのある仕事をしたいという子育て世代の人材は貴重」と人材派遣会社の担当者は言う。

マザーネットも「複数の派遣会社に登録している人が多く、子育て支援が充実しているか否かが会社を選ぶポイントになっている。優秀なスタッフを多く確保したいという会社の思いとも合致するのでは」とみる。

一方で、〈非正社員〉の戦力化が進んでいる。２００５年4月施行の改正育児・介護休業法で、パートや派遣なども対象となったが、環境は整っていない。

広告会社のパートだった沙織さん（27）（仮名）は、仕事の話のついでのように言った上司の言葉が忘れられない。「任期満了です」。契約は週3日午前8時半から午後5時。しかし、締め切り間際になると夕方が忙しい。保育所に預けた長男（2）のお迎えは午後5時半。遅れることもあったし、残業で時給より高い延長料金を払うこともあった。続けてこられたのは、会社に迷惑をかけず、正社員並みに働くことに誇りがあったからだ。3か月ごとに更新の判子をもらうたび、胸をなで下ろしていた。同僚10人のうち正社員は1人だけ。残りはパートと派遣で、「同じ時給を払うなら制約のない人を雇いたい」との会社の本音が透けて見えた。沙織さんは言う。「使い捨ての人材ではなく、人としてきちんと向き合える職場づくりに取り組んでほしい」

◆子どもや周囲の励ましを支えに

仕事と育児、家庭のはざまで、様々な壁にぶつかりながらも頑張る母親たちがいる。働くことは生きること——。彼女たちの思いには、そんなメッセージが込められている。

「『残業をするか、契約を打ち切るか。そのどちらかです』と言われ、あまりにも突然で頭の中は真っ白になった」

大手メーカーの派遣社員のかおりさん（38）（仮名）は近く退職する。理由は「会社都合」。6年前に離婚、小学2年生の息子との暮らしを支えてきた。定時契約だが、残業をする日もある。息子のことを考えると、一緒に過ごす時間はこれ以上削れない。今の配属先に換わる際、事情を話すと、「定時で十分」と言った会社。同僚たちはかばってくれた。周囲の励ましに気持ちが救われた。充電したらまた働こうと、気持ちの整理がついた。「しばらく仕事休むね」と最近、息子に打ち明けた。すると、意外な答えが返ってきた。「働かなあかんやん」。やられた。立派なお母さんじゃないけど、息子がいるから頑張れると改めて思えた。

＊

「働いて社会と接点を持ちたい。子育ては楽しいけど、今の自分は脳の一部分が働いていないような気がして」

専業主婦の陽子さん（35）（仮名）は複数の派遣会社に登録し、仕事を探している。多い時には1日2件ほど仕事の依頼の電話がかかるが、すぐに行きますと言えない。長男（2）の保育所が決まらないからだ。今年初めから見学を始めたが、3歳未満の受け入れ先はどこもいっぱい。第1希望の保育所は一番人気で、来年1年間も入れる見通しが立たない。子どもが生まれたら保育所に同時に申し込む話を聞いたことがあったが、本当の話だった。子どもの様子を見つつ、と願う気持ちは甘かったのか。自宅周辺は古くからの家が多く、子育て世代が少ない。今後のことを考えると、引っ越すしかないのだろうかと思っている。

＊

「娘が病気になった時、会社を辞めようと思った。友人の励ましで『なぜ仕事をするのか』を明確にできた。あの時があるから今の自分がいる」

1年半の育児休暇を取得した会社員の川畑奈美さん（36）は復帰して間もない冬、娘（2）が肺炎にかかった。自分の責任と思った。仕事を続けていく意味があるのかと悩んだ。そんな時、1通のメール。「うちの子どもも肺炎だったけど、もうすっかり元気になったよ」。ほかの会社に勤める先輩ママからだった。パソコンに向かいながらボロボロ涙がこぼれた。復帰前に受けた民間のセミナーで学んだことも生きている。限られた時間で効率よく仕事をこなす。残業や休日出勤をしていた出産前とは仕事の質が変わった。少々のことではうろたえない。少し強くなれた気がする。

◆ 両立大変でも働き続け正解

「3回の育児休暇は順序でいうと『1勝1分け1敗』。1勝1分けだったからこそ3人目にチャレンジできた」

3児の母で会社員の奈津子さん（46）（仮名）はそれぞれ育休を取った。1人目の時は希望通り企画部門に復帰できたが、2人目は生産部門へ配置換え。3人目で配属されたのは一線のスタッフをサポートする側だった。でも、戻るのが先決と考えた。その後、営業、総務、人事など転々とした。投げ出したくなる時もあったが、限られた時間をやりくりしながら仕事をこなした。この春、ようやく希望に近い部署に戻れた。出向の身分なので、待遇は恵まれていないが、〝実〟は取れたような気がする。最初につらい目にあっていたら2人目、3人目は考えられなかっただろう。育休はお互いさま。復帰して少し落ち着いたら次の人をカバーする。社会全体がそんな仕組みになればと思う。

＊

「『仕事は振ってなんぼ。自分でせなあかんことだけしかしんとき』と友人に言われ、目の前がぱーっと開けた」

情報誌の営業の遥さん（40）（仮名）は全国一の売り上げを誇る。専門学校に通う娘と知的障害のある息子と3人で暮らす。自宅に帰っても原稿を書き、ファクスで顧客とやりとりする。多忙な毎日だが、仕事は楽しくて仕方がない。そんな遥さんが一度、煮詰まった時があった。数年前の夏、父親が認知症気味で入院した。息子だけを家には置いておけない。家事、育児、介護……。あれもこれも。そんな時、友人の言葉に救われた。一つひとつ片づけることにした。父の介護ヘルパーを探した。上司に頼んで専属の助手を付けてもらった。手を挙げ、声を上げ、立ち位置を確かめることの大切さを痛感した。

締め切り日には、「締め切り終わりましたか？　おめでとう」と息子からメールが入る。娘とは互いのコイバナ（恋話）で盛り上がる。子どもは宝物。素でいられる家庭がパワーの源かもしれない。

＊

「働き続けるのは私の意地？　辞めた方が楽？　と思った時期もあったけど、それは錯覚。続けて正解だった」

大手メーカーの樹里さん（37）（仮名）は長女（7）の出産から復帰した際、営業へ配置換えになった。残業や出張が当たり前の職場で、時短を選ぶと、責任のある仕事が回ってこなくなった。イライラするし、子どもは泣くし。でも、自分が上司なら使えない。そう思って、ある決意をした。実家のそばに引っ越し、遠方に住む夫の母を近くに呼び寄せた。午後7時まで預かってくれる保育園を探し、時短をやめることにした。残業も出張も大丈夫と、ことあるごとにアピールした。約4年後、元の企画の部署に戻ることができた。子どもを産んで、働ける。二つともできるのはぜいたくな幸せ。最近、つくづくそう思う。

仕事・これからの私

（２００２年４月29日＠神戸）

司会　頼近美津子さん（コンサートプランナー）

アグネス・チャンさん（歌手）

河野真理子さん（キャリアネットワーク社長）

田中文子さん（子ども情報研究センター所長）

伊田広行さん（大阪経済大学助教授）

長谷川貴彦さん（ワコール人事部課長）

仕事に戻りたい

▼第1子妊娠まで、通学で資格取得を目指していました。しかし体調を崩して休学。復学を夫に相談したら「育児はだれがする」と猛反対。通信教育を始めましたが、出産後は子育てに追われてテキストを開く時間もない。やりたいことができないいらだちで、子どもに当たってしまうことも。育児は今しかできないと考える反面、いつまでこんな日が続くのかとも思います。（37歳の母親）

◆必死の覚悟、周囲も理解／優先順位決め、時間を活用

伊田　夫は何をしているのか。子どもは夫婦二人のもの。夫も育児に「一枚かむ」気持ちで、時には働き方を会社と交渉しては。まず夫が努力すること、妻と話し合うことだ。妻が一人で考えていても何も解決しません。

アグネス　夫と話し合っても協力してくれないのなら、状況は自分でそろえるしかない。私の解決法は「子どもを連れて行く」で、そのために「アグネス論争」を起こしてしまったけれど、働く価値があると信じていた。必

死の覚悟があれば周囲が振り向いてくれる。夫が、2人目から育児を手伝ってくれたのは、私のことを「死ぬんじゃないか」と思ったからです。当時私は食事を作り、食べさせ、自分は立って食べた。博士論文を書くため夜も眠らなかった。そこまでせっぱ詰まってないなら、少し待つのもいい。それこそ、自分の大切な時間だから。

河野　相談者は一生懸命、時間を作ろうとしている。今日あしたの短期的な時間の使い方と、中、長期の使い方とで考えることも大切。資格を取らないと就職できないなら、頑張らないとだめだけど、資格があった方がいい程度なら、ほかのことをした方がいいかも知れない。今、何をするかの優先順位をもう一回考えてみればいいのでは。それに、同じ時間を2倍にも3倍にも使えます。子どもと一緒にご飯を作れば、話しながらしつけやちょっとした教育もできます。

田中　これから仕事をしたい母親にとって「子育ては今しかできない」は、殺し文句。子どものことを言われると悩んでしまう。初めて立った、しゃべったなど、子の成長が見える瞬間に立ち会えないという言葉も聞く。でも、発想を転換できないでしょうか。私の子どもの保育所時代、「きょう初めて立ったんですよ」とすごくうれしそうに保育士さんが報告してくれました。それがうれしかったし、心強かった。子育ては私の責任。けれども、親だけで育てるのではないので、喜びを分かち合う人を見つけてほしい。

頼近　求人広告の年齢制限に焦る人も多いようです。

長谷川　年齢制限があるのは、社員が一人前になるまで何年もかかり、さらに家庭生活まで保証しないといけなかったから。でも不況が続き、企業にゆっくり人を育てる余裕がなくなってきた。採用も、個人の経験、能力を見るようになってはきたのですが。

頼近　具体的に、どう売り込めば採用してもらえるか、アドバイスをお願いします。

司会　コンサートプランナー
頼近美津子さん

次の世代の子育てを潤すためにも、声を出しましょう。私たちの父母世代がそうしてくれたように。

長谷川　「販売が好きなので、頑張ります」という人より、「この商品に興味があり、いろんな売り場を見てきました。私ならこうしてみたい」と提案できる人を採ります。そのためには普段から情報収集し、ビジネスの提案に結びつけることが必要。育児は制約ばかりではありません。育児しているからこそそのネットワーク、情報を生かす目を養えるかです。

働くのは子どもにマイナス？

▼共働き。今3歳の長男を、10か月の時から保育所に預け、午後7時までの延長保育を利用。お迎えの時は一人で先生と寂しそうに遊んでおり、心が痛みました。ベビーシッターも頼みますが、そのつど人が変わります。そのせいか食事のしつけなど専業主婦の方が丁寧に育てた子どもと比べ、遅れていると思うことがあります。（39歳の母親）

歌手
アグネス・チャンさん

頑張れば何でもできる。心の中の、何かをしたいという気持ちの種をつぶさないで。

◆安心保育へ／親も行動を

田中　保育所は〝かわいそう〟のオンパレードですね。子どもに影響が出るかどうかという観点に立てば、どこまでも不安になる。でも、子どもを迎えに行くと「まだ帰りたくない」と言われること、あるでしょう？　一人で残る時間は、保育士を独占して、1対1で過ごせる時間かもしれない。子どもも大人と同じように、いろんなことを乗り越えながら生活していくのです。

アグネス　スタンフォード大に留学していましたが、米国でも保育は大きな問題です。お金のある人はいい所に行かせられる。そうでない人は、友人宅や親せきに預けて働いている。そこにあるのは「なければ自分たちで作る」との発想です。

田中　親の側が、安心して預けられる保育を作り出していくことも必要。私はかつて、小学校の親同士で共同で預かりあう学童保育を作った。自分たちで保育士を雇い、保育所を作った母親たちもいます。幼稚園は教育委員会、保育所は福祉部局など担当が違い、全体的な情報がつかみにくいのは確か。でも、母親が足で情報を探し、役所の担当を超えた「子育て支援マップ」を作った例もある。親が情報発信し、必要な情報を自分たちでつかみとり、交渉していくことが大切です。

伊田　これまでの話は、女性がしっかり自分の人生をコントロールできるようになろうということ。それは男性にも言える。その中で男だって「本当に、我が子の立つ瞬間を見たくないか」と自問する時代です。

頼近　「働けば給与の半分は保育代に消えるが、それでも働く価値はあるのか」との相談もあります。今仕事をしている人は？　育児休業中は？（会場の挙手を求める）。働いている方、これから働きたい方がほぼ半々ですね。

河野　まず、育児休業中の過ごし方ですが、復職に向けての焦りはわかるが、子どもをどう育て行きたいかをはっきりさせて。心配なのは預け先か、預けることそのことなのか。どんな保育を望むのか。復職当日から預けるのは避けて、保育所の開放日に行くとか、ベビーシッターに事前に来てもらうとかして、慣らす手だてを考えてみて。

キャリアネットワーク社長
河野真理子さん

どこに住み、どんな家族を持ち、どう働きたいか。ビジョンを持った上で、手段で悩もう。

一方、これから働く人に言いたい。短期の損得を考えないで。その会社で定年まで頑張りたいのであれば今、給与の大半が保育料に消えても長期的にはプラス。2、3年で辞めるかもしれないなら、そんなことをする理由はないでしょう。要はライフプランの問題です。

両立の悩み

▼臨床検査技師で、定時外の仕事が多いのが悩み。自分の研究を、同僚の男性は夜や休日にしています。子どもとの時間を大切にしたいが、今の職場で働き続けるには勉強も必要。どちらも中途半端でつらい。（30歳の母親）

◆次世代のため声出そう／柔軟な対応、企業も必要

長谷川　この相談者のように、企業が欲しいのは、限られた時間でどう成果を出すか自分で工夫が出来る人です。

河野　いい悩みですね。常に必要な人材でい続けられるために悩むことは、重要だから。私たちの言葉でキャリア開発というのですが、キャリアとは、正社員や管理職という意味ではなく、生涯を通しての職歴や、社会への貢献の仕方です。生活環境の整備も必要で、夜間や土、日に子どもを預けられる人を見つけておくことも、両立能力の一つです。

伊田　でも、友人のシングルマザーは、頑張り過ぎてうつ病になった。体がぎりぎりの時は、転職や辞職も選択肢の一つに入れてほしい。男中心で残業、出張、転勤は当たり前という働き方が多過ぎる。

アグネス　一番大事なのは子どものこと。親は皆、子どもをベストの状態にしてやりたいから悩む。働くのがいいか、辞めるのがいいか、何がベストの状態かは、あなたと、あなたの子にしかわからない。でも、一生懸命子どもと付き合ううちにわかってきます。子どもに合わせて仕事をスローダウンしてもいい。でも、辞めない。ボランティアをしてもいい。損得を言うのはやめてほしい。子育てとか、キャリアとか、収入とか周囲と比べない。「自己ベスト」でいいじゃないですか。

会場の男性　私の職場でもやる気のある女性が増えてきた。働く一員として、働く女性の考え方を参考にしたいです。

会場の男性　妻の仕事がこのほど決まったので、みなさんの意見を役立てたい。

頼近　そう言えば、ワコールは育児・介護休業制度の整備、成果のある企業として「ファミリーフレンドリー企業」の労働大臣努力賞を取ったそうですが。

長谷川　ファミリーフレンドリーは、育児や介護に関

大阪経済大学助教授
伊田広行さん

家族、夫婦を一つの単位と思い込まず、個人単位で物を考えてみる。私は、どうしたいのかと。

する制度が充実していて、社員が十分に利用している企業。うちも社員の80％が女性で、育休が安定して取得されています。ただ、私は、長期間休めるよりも、個人の状況の変化に応じて、フレックスタイムなど多様な働き方を提供できる企業が、一番いい企業だと考えます。

頼近　2度目の育休を終え、仕事に復帰するという29歳の母親から「1度目の復帰の後、つまらない仕事内容に変えられ、子どもを理由に休むからとボーナスも減らされた。また同じことなら辞めてしまいたい」という相談です。

長谷川　会社が育休の罰則としてボーナスを減らしたなら、おかしなこと。ただ、日本が長く続けてきた年功序列システムでは育休をとったこの人は減点なのです。しかし今は、多くの企業が成果主義になり、社内公募制など自分のキャリアを選べるシステムが増えています。希望を持ち、自分が何ができるかを考えて下さい。

ワコール人事部課長
長谷川貴彦さん

専業主婦である妻の夫、子どもの父、企業の人事担当者。三つの立場の間で、私も揺れ動いている。

アグネス　新たな就職先が決まっているか、そこでおもしろい仕事ができるのか、ボーナスも減らないのか、です。それが決まらない、わからないのなら、辞めるのはよくありません。働き続けることがキャリアになります。

パート

▼正社員でなくパート扱い。私を最後に産休制度が使えなくなり、企業側に使い捨てのように扱われ、やりきれない。（34歳の音楽教室講師）

▼夫の両親から「家族に負担をかけないよう、パートで働くものだ」と言われ、泣く泣く職場を退職した。（31歳の母親）

◆形態や待遇、欧州と格差

アグネス　本当に、社会は女性を甘く見ていますよね。夫が働いているだろう、だから安く便利に使って、すぐクビにできる、と。

伊田　パート、派遣、非常勤、臨時職員など雇用形態は多様化しており、正社員であっても、受け付け業務、事務、雑用などの低賃金、周辺の仕事をする女性は多い。会社と交渉してもだめなら、地域には一人でも入れる「コミュニティーユニオン」もあり、頑張ることだ。待遇面の改善と同時に、今、こうした働き方が増えている以上、どうやりがいを見つけていくかを議論することも大切。

頼近　「パート」と言っても日本とヨーロッパでは違うそうですね。

伊田　ヨーロッパなどで言う「パート」は「短時間労働」のこと。日本のように正社員とほぼ同様に働いているのに、厚生年金に加入できず、有給を取れない、簡単に首を切ってもいいと思われている存在とは違う。不況脱出の手立てを考える上で、パートタイム労働を活用して失業率を下げ、経済を活性化したオランダが注目されている。それをいい意味でまねるなら、「正社員並みに処遇されるパート」を増やすことだ。ただし、新しい賃

金と働き方の仕組みへ移行することを考えねば。

河野　パート、派遣、アルバイト、請負契約の違い、分かりますか？　だれが雇用主？　税金はいくら取られる？　考えてみて。本当に自分に合った働き方をするためには情報を集め、選んでいかなければならない。そうすれば自分の方から働き方の提案もできます。

田中　自己決定とか自己努力は、仕事だけじゃないと思う。ある子育て活動をしていたお母さんが子どもを残し、亡くなられた。その時、彼女が努力して培ってきたネットワークが、残された家族の財産になった。地域でできることはたくさんあります。今がしんどいから、仕事に行ったら人生の目的が見つけられるのじゃない。

子ども情報研究センター所長
田中文子さん

子育て中の女性が自信を持てない社会。答えはあなたしか見つけられない。

4章 祖父母との関係、地域でのつながり

ライフスタイルが変化する中で、子育て中の親同士の付き合いや、子どもを通じた地域の人々の何気ない触れ合いが持ちにくくなっている。困った時に頼れる地域のつながりや、祖父母の存在は、子育ての大きな支えになるはずだ。祖父母、地域との関係をどう結べばいいのだろうか。

◆布おむつ／「跡取り」／おやつ　押し付けないで

「義母とは一事が万事、価値観のぶつかり合い」。旧家に嫁いだ大阪府内の保育アドバイザー恵さん（34）（仮名）は、小学校3年生の長男を頭に3人の男の子の子育てを通し、日々そう感じていた。

義母（69）は「子育てはしゅうとめから習うもの」という考えが根強い。「手をかけるのが愛情」と、おむつから服までストーブで温め、同じようにしない恵さんは「冷たい」と言われたこともある。長男を帝王切開で出産した後、寝たり起きたりを繰り返していた時は「布おむつがいい」と使うことを勧めた。

洗えないでいるとレンタルおむつを頼んでくれたけれど。どこまで手を出すか、義母も決めかねていたふしもある。近所との付き合いはおばあちゃん同士がするのが慣例で、同じ立場のお嫁さんとろくに話もできない。夫に言うとそれが義母から直接自分にはね返り、つらい立場になりそうだ。自分の両親には余計な心配をかけたくない。自宅からでは友人に電話もかけにくい。「だれにも相談できず、閉そく感に押しつぶされそうでした」

しかし、長男が2歳になるころ、公民館で開かれた保育ボランティアの講座に出かけ、気持ちを切り替えられた。参加者は同年代のお母さんばかり。つらい思いを一気に話すと、丸ごと受け止めてくれ、涙が止まらなかった。

講座終了後、参加者でサークルを作り、シンポジウムなどで一時保育のボランティアを開始した。「自分の居場所ができたことで、心に余裕ができました。同じように悩む仲間と話すうちに、『まあええやん』と思えるいい加減さも持てるようになりました」と恵さんは話す。

最近、「この子は跡取りなんだから」という言葉が義母の口から飛び出した。以前なら、黙っているしかなかった恵さんだが、「お母さんの思いもわかるけど、そんな時代かしら?」と一言。義母も「わかってるけど、孫のことになるとやっぱりねぇ」と互いに価値観を少しずつ、伝えられるようになってきた。

祖父母の孫への思いが、時として、「自分の育児方針を理解していない」という親のいらいらにつながるケースも少なくない。和歌山市の主婦(38)は「祖父がすぐにお菓子を与えます。食事に差し障ると言っても、聞き入れてもらえず、逆に怒られます」とつづる。兵庫県の主婦(27)は「怒られると祖父母の所に逃げていく。しつけにならない気がして……」と困惑気味だ。

妻の両親と同居する男性（46）は、「祖父母の協力は必要で、助かります。孫がかわいいのもわかる。けれど、昔の固定的な観念を押しつけられると、育児への介入と思えてしまう」とする。育児をめぐって、理屈では割り切れない祖父母と親の関係がある。

◆今の若い親は甘えてるか――一歩引き親子見守る

「孫も大きくなると、お小遣い目当て。なんだか、さみしいものよ」

中学生になる孫を持つ友人が最近、冗談めかして、こう話すのを聞いて、大阪市に住む主婦（65）は考えさせられた。これから大きくなる孫と自分。物でなく、お互いをつなぐものが欲しいと思う。

2歳になる孫は息子夫婦と遠方に住む。会えるのは年に数回だ。自分の時代とは違うが、保育の仕事をしていた嫁の育児に、共感することも多い。プレゼントは、クリスマスとお誕生日の2回というのも、「我慢を体験させたい」という思いで、一致しているからだ。だが、近所に頼る人のいない育児環境が気になることもある。それだけに孫が家に来ると、つい世話を焼きすぎ、「干渉しない方がいいんだ」と自戒する。

「私たちの世代の育児やしつけに、良い部分もあると思うのです。けれども、新しい時代の良さを知らないまま、それを若い世代に伝えても、押し付けになってしまいますし」と話す。

孫2人を持つ和歌山市の女性（63）も、「子どもの学習などで両親がもう少し、手をかけてやればいいのに」と思うあまり、口を出してしまう。「でも、本当はだめなんでしょうか」とその兼ね合いに悩む。

子育て環境の変化にとまどうのは親だけではない。一歩、引いて親子を見守る。そんな自分の役割を模索する祖父母は多い。

そんな中、大阪市の大田伸広さん（58）は両親の介護を通して、祖父母が育児にどうかかわるべきかのヒントを得たような思いでいる。

「おむつも替えたし、授乳もした。熱もないのに、今日も泣きやまない」

娘からの助けを求める電話に、夫婦で娘のところに出向くこともある。育児をする娘と両親の介護をする自分の姿と重なるからだ。認知症の母親と徘徊《はいかい》を繰り返す父親の介護に専念するため、勤めていた会社を早期退職した。並行して、生まれた初孫は今、1歳半。娘は自営業の夫を手伝いながら、初めての子育てと向き合う。赤ちゃんの育児も介護も、24時間、待ったなしだ。昨日はご飯を時間どおり食べたかと思えば、今日は好きな物も食べない。相手にあわせ、一生懸命になるほど、疲れる。かといって、自分たちの介護の方針を理解していない支援者が介護を代行すれば、逆に、日常のリズムが狂うなど、つけとなって戻ってくることすらある。

「娘は子育ての方法を教えてくれと訴えているのでも、孫の世話をしてくれと言っているのでもない。一生懸命、育児をしている中で、『今、ちょっと限界、受け止めて』と言っているんだと思うのです。それは私が介護で経験する思いでもあるんです」

その訴えを「今の若い親は甘えている」とすべきか、どうか。「子育ての経験がある。祖父母だから。それだけでは支援する関係はできない。そんな気がするんです」

◆自分の育児観　見直す好機――上手な支援考えて

大阪府吹田市の小谷訓子《みちこ》さん（57）と山本瑛子《えいこ》さん（63）は、1993年に子育て支援グループ「子・己《こ》育ち相談リリーフ」を設立し、父母からの相談を受けたり、子育て講座の講師を務めたりと、多方面からの支援に取り組んできた。一方で、親世代の悩みには祖父母世代とのかかわりが大きいことに気づき、祖父母を対象にした講座の講師も務め、良い関係を結ぶための手助けもしてきた。双方の声を聞く中で見えてきた両世代の姿について話し合ってもらった。

＊

山本　以前のことだが、孫が保育所に入る時、祖母である私の就労証明書が必要だったのに驚いた。世間では「祖母なら孫を育てられるし、育てて当たり前」と思われているのだなと。

小谷　最近よく「子育てを終えた人を、子育て世代の支援に役立てて」と言われる。孫にかかわることで生活に張りが出た人もたくさんいるし、共働き家庭になくてはならない支え手になることもある。けれど、祖父母だからどんな支援でも出来るわけではない。20代の親でも疲れる子どもの相手は、祖父母には重労働。体調を崩してしまった人もいる。

山本　家事や生活の雑事を忘れて五感のすべてを孫に向けられる。何度繰り返して遊んでも飽きずに付き合えるのは、祖父母世代だからこそできることかもしれないね。たとえ溺愛《できあい》であっても、子どもにとってみれば、無条件に丸ごと受け止めてくれる逃げ場があるのは、うれしいことでしょう？

小谷　ただ、つい口を出してしまうのだと思う。「私の時は……」「もっとこうしたら……」と。隣家に住む義母が、赤ちゃんが泣くたびに飛んで来て「私はこんなに泣かせなかった」と言う、と嘆く母親もいた。

山本　祖父母世代は高度経済成長期の1960―70年代に子育てをしてきたから。「子どもは大人が教え導かねばきちんと育たない」「母親が育てるもの」との価値観が多数派だったのでは。そんな人から見れば、今の親は「甘やかしすぎ」「母親が責任を果たしていない」となる。

小谷　逆に、相談もなく物を与えるという親世代の悩みも多い。1日のおやつの量、昼寝の時間などその家庭なりの方針とやり方が出来ているのに、それが乱されると腹立たしいのはよく分かる。子育て観が違うのだからどうしても衝突は起きてしまうのよね。

山本　親は「助けてほしい。私のやり方で」、祖父母は「助けてあげたい。私のやり方で」では、互いにしんどいよね。

小谷　祖父母世代も親世代も「けんかするくらいなら私が我慢しよう」と思ってしまう。一見穏やかだけれど、踏み込んだ人間関係を作るのが苦手なのでしょうね。

山本　そう考えると孫の出現は、自分の子育てをもう一度見直す好機でもある。祖父母の上手な支えで助けられているケースはたくさんある。立場や価値観が違うと知り合ったうえで、祖父母の出番は、いつ、どんな形でがいいのか、考えて行きたいね。

子育て・祖父母の出番は？（2002年10月14日＠和歌山）

司会　大東めぐみさん（タレント）
山縣文治さん（大阪市立大学助教授）
高砂浦五郎さん（元大関朝潮）
石坂啓さん（漫画家）
中村富子さん（NPO法人「WACわかやま」理事長）
稲垣由子さん（甲南女子大学教授）

◆「孫の面倒見て喜ぶ」幻想／祖父母にも支援必要

大東　祖父母は頼りになるし、頼らざるを得ない。かといって、育児の即戦力と考えていいものでしょうか。

中村　孫はかわいいが、100％、頼られるとしんど

司会　タレント
大東めぐみさん

お金では買えない安心感があるから母親に頼んでしまう。ただ、感謝、感謝です。

助けて欲しい、助けたい

▼共働きの息子夫婦から孫の世話を頼まれて迷っています。介護も抱えているので「ずっとは無理」と言っても、息子は私に頼むのが一番安心と言います。（60代の祖母）

▼2人目の出産で、義母が手伝いに来ましたが、何もかも私まかせ。夫は「頼んで来てもらったのだから、どうして欲しいか言えばいい」と言い、義母とは今もぎくしゃくしています。（33歳の母親）

大阪市立大学助教授
山縣文治さん

祖父母に限らず、近所の人など自分にとって気持ちのよい関係を持てる人にＳＯＳを。

いというのが本音。緊急のＳＯＳは受け止めるが、フルタイムでは難しいこともある。一方、「孫はかわいいのだから、最優先すべき」という周囲のプレッシャーもあり、祖父母にも支援が必要です。

石坂　私の経験でも、孫の面倒を見させておけば祖父母は喜ぶというのは幻想。私が60代になった時、「おばあちゃん」と呼ばれることに違和感を感じるとも思う。助け合うけれど、社会的サポートも組み込んで行きたい。

中村　実家が近くても地域のサポートを利用する親も増えてきましたね。

稲垣　私も保育所、学童保育を利用し、子どもを育ててきました。祖父母は子育ての経験があるとされてますが、孫を持つ経験は人生で初めてのこと。親も、祖父母もお互いに初めての経験だということを認め合ってほしい。

会場の母親　「女の子に、あまり活発な遊びは」という祖父母と「男女分け隔てなく」という私とでギャップが。違うとも言えないし。

石坂　ファミリー・アイデンティティーという言葉があるそうです。妻、夫、子どもがそれぞれ、だれを自分の家族と見ているかという意味です。かつて妻は、義母に対して実母と同じ態度や距離感を持つべきとされましたが、今は、お互いの心地良い距離感で関係を培っている。だから、祖父母と考えが違う時、子どもに「ママはこう思う」とはっきり伝えていいと思う。

稲垣　自分ががまんしていることに気付いたら、何にがまんしているのかを自問自答すること。その後、「私」の思いとして相手に伝えることです。

元大関朝潮
高砂浦五郎さん

祖父母とは、遠く離れていても電話などを使ったコミュニケーションを大切に。

漫画家
石坂啓さん

どこまで祖父母に頼っていいかは、本音を話し合う中でわかること。

人は、自分の行動を褒め励ましてもらって前に進む。子どもとの場面で「ちょっと待って」と言う時も、「5分後に」など予測の立つ一言を添えたい。子どもが待っていれば、「ありがとう、えらい」の言葉も出る。祖父母との付き合いもそう。「保育園に行くまで」など予測や褒める言葉を添えることで、経過は変わってくる。

高砂　弟子、夫婦。どんな人間関係でも初めからうまくはいかない。部屋を持って4年になるが、自分と同じタイプの弟子ばかりではなく、十人十色。それを理解した上で、弟子にあった相撲を教えなくては強い力士にはならない。家族もお互いが違うことを理解してこそ人間関係は育つ。

山縣　地域には保育所、ファミリーサポートセンターなど様々な資源がある。身内だから頼って行くのではなく、世の中の資源の使い上手になりたい。様々な世代とお互い様の人間関係を築ける地域を目指しましょう。

祖父母の存在

▼とにかく祖父母は甘い。子どももよくわかっているので、私や夫に怒られてもすぐ祖父母に甘えます。しつけにならない気がして困ります。（27歳の母親）

◆〝安全基地〟の見方大切

高砂　うちには弟子が30人いますが、弟子に対して私がきつく当たったら、妻がフォローし、妻が子どもに厳しくしかった後は私がフォローする。祖父母と親もこんな風に役割分担がうまくいくといいと思う。

稲垣　子どもはとても賢くて、五感を通じて常に自分

NPO法人「WACわかやま」理事長
中村富子さん

多くの人の共感を得て祖父母世代による地域の子育て支援の輪を広げたい。

甲南女子大学教授
稲垣由子さん

子育ても祖父母との付き合いも響き合う人間関係を作ることが大事。

にとって心地よい場所を探しだそうとします。その心の動きや行動が経験となって積み重なり、成長につながる。だから、ほっとできる〝安全基地〟があることは大事なことなんです。

大東　祖父母と価値観が違うことで悩むお母さんが多いようですが。

石坂　祖父母の接し方にいらいらすることは多い。子どもが欲しがるからとスナック菓子を一袋食べさせたり、暑いからといって両側から扇子であおいでやったり。かと思うと、もっと勉強させなくていいのかと言ったりもします。でも、いろんな大人がいて、それぞれが違った考え方をするということを子どもが察していくのは、悪いことではない。祖父母が甘やかしたからといって子どもの芽をつみ取ってしまうことにはならないでしょう。

中村　親でも祖父母でもない第三者に預けてみるのも一案です。近所の人でも地域の子育て支援システムでも構いません。子どもは多くの人と交わる中で、人との距離の取り方を学ぶものです。

◆公的支援の物足りなさも――サークルで仲間作り

「しばらく見ない間に大きくなったね」「ハイハイし始めたわ」――。大阪府高槻市内の団地の集会所。子育てサークル「わんぱくらぶ」のメンバーが次々と集まり、子ども同士がおもちゃで遊ぶ傍らで、おしゃべりを楽しんでいる。

サークルには0歳から2歳までの子とその親25組が登録している。活動は週1回、1時間ほど一緒に遊ぶのが中心だ。なかなか仲間を見つけられない親にとって、決まった時間に決まった相手と会うことができる貴重な場だ。2歳の長男がいる主婦（27）は、団地の掲示板のチラシを見て参加した。「スーパーで会うぐらいだと、なかなか話せない。同世代の子を持つ母親と知り合えて、ストレス発散の場になってます」。そんな親を見守り、相談に応じるのは同市の石井智子さん（41）。１９９３年に「わんぱくらぶ」を結成し、さらにその翌年には、ＮＰＯ法人「高槻子育て支援ネットワーク　ティピー」も作った。子どもが成長した今は、その代表として側面から子育てサークルの活動を支えている。同ネットワークは、市内の各サークルのリーダーが情報交換する定例会や活動に役立つ遊びの講習会などを開いている。「同じ思いで集まっても、同世代だと余裕がなくなってきます。そんな時、リーダーの話を聞いたり、活動に加わってくれる支援者がいたりすると安心できます」。石井さんは自らの経験を振り返る。

こうした子育てサークルは約80年代から、各地に増えている。当初は3、4歳が中心で、子どもを集団で遊ばせる場だった。しかし、幼稚園が3歳児保育を始め低年齢化が進んだ。今は3歳までの乳幼児が中心で、親同士が語り合う場へと変わってきた。

さらに「エンゼルプラン」をはじめ、国の少子化施策が次々と打ち出される中で、自治体が母親を孤立させない方策として、サークルの育成に力を入れ始めた。様々な子育て支援講座の修了者に声をかけて、定期的に集まる場を提供している。しかし、講座によっては幅広い地域から参加している人もいて、サークルが必ずしも日常生活に結びついた地域の関係づくりにつながっていない面もある。

石井さんは「サークルは子どもの育ちを見守る大人の関係の出発点。日常的に顔を合わせ、子どもが成長してもつきあえる地域密着型の活動であってほしい」と話す。

1999年に民間団体「こころの子育てインターねっと関西」が、関西の548サークルの実態調査を行ったところ、55％が公的支援を求めていて、「場所」（26・2％）、「財政援助」（15・4％）、「人的支援」（14・7％）——が上位を占めた。

2001年に国立女性教育会館が全国11都府県のサークルメンバー6000人に行った調査でも、半数近くが現在の公的支援に満足しておらず、「場所の提供」や「設備の貸し出し」を求めていた。

「自治体はサークルの実態を調べて、活動しているところには資金や場所の援助をし、ない地域につくらないと、自主的な活動を妨げてしまう」。同ねっと事務局長の原田正文さんは指摘する。

「サークルをつくるだけで子育て不安が解消されるわけではありません。何をするのか、どう支えるのか。親や行政、民間団体の共通の意識が大切です。サークルは人と人がつながり、育っていく場なのです」

◆資金、スタッフ確保　課題多く――NPO「遊び場」提供

段ボールで基地を作ったり、プラスチックのタンクで作ったいかだに乗ったりする子どもたちから、大きな歓声が上がった。ふだんは子どもたちの遊ぶ姿もまばらな広島市安佐北区の河川敷に約100人の親子連れが集まった。区が開いた1日プレーパーク。実際の運営を担ったのは、地元の非営利組織（NPO）法人「子どもネットワーク可部」のメンバーだ。山間部に近い地域だが、子どもが野山で遊ぶ光景はあまり見られない。このため、メンバーたちが、河川敷のそばにできる予定の大型公園（約10ヘクタール）について、「子どもが自由に遊べる環境に」とプレーパーク作りを提案、昨年から区と協力して準備を進めている。

子どもネットワーク可部の前身は、1987年に設立された「広島可部おやこ劇場」だ。会員制で舞台劇を楽しむ「子ども劇場全国センター」（東京）傘下の団体。それが2001年、「豊かな子ども時代を過ごせる地域作りに、いろんな大人がかかわっていくべきだ」と改名し、法人化した。代表の増谷郁子さん（48）は「任意団体だった時は行政との連携に壁を感じていたが、今は対等の立場で物が言えるし、聞いてもらえる」と話す。

こうした「おやこ劇場」「こども劇場」と言われる団体が各地でNPO法人となり、親子サロンや表現遊びのワークショップなどを展開し始めている。全国センターによると、約600団体のうち108団体が法人化し、多くが子育て支援を打ち出している。中には、名前から「劇場」を外した団体も少なくない。

事務局長の武藤定明さんは「少子化対策でいろんな助成金が使えるようになり、親子支援にかかわり続けてきたノウハウを生かす活動の幅が広がった」と分析する。

一方で、法人化することは、収支を見ながらの活動が必要となってくる。ボランティアとは違う厳しい運営に、スタッフとなった親たちが戸惑うことも多い。

2003年6月、京都市中京区に事務所を構える子育て支援のNPO法人「おふぃすパワーアップ」（代表、丸橋泰子さん）は運営難に陥った。91年、就学前の子どもを抱える専業主婦らが集まり、子連れでも参加できる講座や飲食店などを集めた情報誌「京都子連れパワーアップ情報」を発刊した。当初は、編集を通して女性の能力開発を目指していたが、幼稚園・保育所選びや不登校問題に関する講座など活動の幅が広がり、毎日10人以上のスタッフが事務所を出入りした。

法人化して、さまざまな助成金に応募したが落選続き。ようやく得た助成金も使い道が特定の活動に限られていて、スタッフの交通費など最低限の維持費すら賄うのが難しい状況になった。「子育て支援は幅広く、どれも大事に思えて、いろんなことに手を出してしまいがち。子育てをテーマにした情報誌を出すことで運営費を賄うという原点に立ちかえり、息の長い支援につなげたい」と丸橋さん。常勤スタッフ4人とともに〈母親を地域につなげる情報誌〉作りに向け、決意を新たにしている。

子育て支援に取り組むNPO法人が増えている。2002年9月には、全国のNPO代表ら208人が発起人となって、子どもと子どもにかかわるNPOの情報収集・発信を行う「日本子どもNPOセンター」（東京都港区）も設立されるなど、NPOを支援する動きは高まっている。しかし、資金不足やスタッフが継続的にかかわれないなど、多くがNPOを続けていく上で様々な問題を抱えている。

◆商店街を集いの場に――空き店舗使い親子広場

「商店街で買い物しようとは思わない」「うさんくさい。お店の営利につなげるのが目的なのでは？」

2003年6月、神戸市東灘区の甲南本通商店街の一角にある会館。商店街が行おうとしている「子育て支援事業」に向けた準備委員会の席上、出席した子育て中の母親からこんな手厳しい発言が飛び出した。

振興組合理事で精肉店主の海崎孝一さん（44）は、思いもかけない意見に「ショックです」と顔を曇らせた。店主の大半が地元に住む、地域に根ざした商店街だ。「ぼくらが子どものころは、うるさいおっちゃんやおばちゃんがおる遊び場の一つみたいなもんやった。まさか、そんな風に思われるとは」。商店街を知らない親が増えている。委員会に加わった2歳の子どもを抱える母親（35）は静岡県の新興住宅地で育ち、親と一緒の買い物はいつもスーパー。「結婚後に住んだ大阪の商店街で、買い物の度に声をかけられて、ドキッとした」。他の母親も「なぜ商店街が子育て支援をするの？」と不審がった。「地域の一員として役に立ちたいだけです」。海崎さんは委員会で何度も訴え、協力を求めた。ようやく9月中旬から1か月限定で、組合の会館などを利用し、親子が自由に集える「甲南キッズスクエア」を設置するところまでこぎつけた。

「物を売って終わり。商売人が地域の一員であり続ける努力を重ねてこなかったためだと思う。商店街に何ができるのかを見極め、次につなげたい」。海崎さんらの模索は続く。

商店街の空き店舗などを活用した子育て支援事業が全国各地で始まっている。2月には、各地の関係者が集まって「商店街と子育て支援団体で新しいまちづくりを！」と題するフォーラムが横浜市で開かれ、15地域での取り組みが紹介された。自治体主導の鳥取県米子市の元町商店街や、青年会議所が運営する広島県東広島市の西条駅前商店街など、運営主体は様々だが、いずれも子育て支援をきっかけにして「地域力」の復活を狙った試みだ。

横浜市港北区の菊名西口商店街。ここに２００４年４月、母親らによるＮＰＯ法人「びーのびーの」が会費制の親子広場を開いた。大半が商店街を知らない世代だが、月に２５０組の親子が利用する。薬局で子どもの健康相談にのってもらったり、レストランが親子ランチをメニューに入れたり。商店主らも「昔のように子どもの声がするまちになった」と喜ぶ。

厚生労働省と中小企業庁は２００２年４月、商店街の空き店舗を活用した保育サービスについて共同の指針を出し、施設経費には同庁の、保育の人件費には同省の補助金を使えることを明示した。しかし、初年度の実績はわずか3件。同庁が予算化した13億７５００万円のうち、使われたのはわずか１１００万円だった。▽自治体で商工担当と保育担当の両部署の連携が不十分▽補助金が3年の期限でそれ以後の運営に見通しが持てない――などが要因とみられ、「各自治体に成功事例を紹介してもっとアピールしたい」(厚労省保育課)。

「びーのびーの」理事の白滝宏子さんは「商店主と親子とのコミュニケーションが生まれることが大切。商売に結びつくかどうかではなく、地域のつながりという視点で考えてもらえれば、どんどん広がる可能性を持っている」と話している。

三世代交流、NPOが支援

兵庫県の丹波地域。1市6町合わせた人口は約12万人で、少子高齢化が年々進んでいる。この地域を拠点に活動するNPO法人「ナルク丹波」（同県篠山市）は、2001年に設立された。中高齢者の生きがいづくりとともに、三世代交流の子育て支援に取り組んでいる。

活動の柱は二つ。一つは、月1回土曜日に開く「あそびのひろば」。4歳くらいから小学校低学年までの子どもと親が対象で、会員とともに伝統的な手作り遊びや自然体験などを楽しむ。もう一つは、氷上町の児童館で行われている学童保育への送迎だ。当番を決めて、毎日放課後、各学校に車で迎えに行き、児童館まで送っている。同町には学童保育が1か所しかなく、6、7キロも離れた小学校から来る子どももいるため、心配した親から依頼を受けた。

同県西宮市に住む事務局長の笹倉武史さん（63）は、嘱託としての会社勤めを終えた後は妻の実家がある篠山市に移り住むつもりだ。今は週3日、送迎を担当している。「車の中で話を聞いていると、どんな遊びがはやっているのかなど、今どきの子どもの様子がよくわかる」。交通費の持ち出しも多く、時間も取られるが、それ以上に子どもたちとの交流が楽しいという。中学生の孫がいる春日町の土井徳子さん（63）も、設立当初から活動している。「若い親と子育ての話をしたくても、なかなか機会がない。でも、子どもと一緒に遊びながら、何気なく悩みを聞いたり、声をかけたりする場があることで、お互いに気を使わずに話せます」

ただ、課題もある。ナルクの会員は110人いるが、会員も親子も活動に出てくる人は限られている。「子育てに不安を感じてもなかなか出てこれない人もいる。活動回数を増やし、身近な鎮守の森を活用するなど工夫したい」。笹倉さんは知恵をめぐらせている。

2002年9月、厚生労働省がまとめた「少子化対策プラスワン」には、地域の高齢者らによる多様な子育てサービスや世代間交流の充実が盛り込まれており、高齢者の支援活動を行っている団体が、子育て支援に乗り出している（2004年の「子ども・子育て応援プラン」でも、同様の支援やシルバー人材センターによる子育て支援事業の推進や地域住民による子どもの生活習慣の形成促進などが盛り込まれている）。

全国で活動している「長寿社会文化協会（WAC）」（事務局・東京）もその一つ。1999年から「地域三世代子育て支援事業」をスタートし、毎年各地で研修会を開いている。助成金を交付している団体も40か所にのぼり、多様な活動が広がってきた。

例えば、富山市のデイケアハウス「このゆびとーまれ」では、お年寄りだけではなく子どもも障害者も受け入れている。福岡県古賀市の「えんがわくらぶ」は、小学校の1室を拠点に、子どもと様々な活動をしている。

子育て支援を担当するWAC事務局の中島瀬津子さんは3世代交流の広がりに期待を寄せる。「昔の話を持ち出すのではなく、今の子育て事情を知ったうえで『伴走者』として、親の気持ちを受け入れることが大切です。そして、自分の得意なことなどを最大限に利用して、子育てにかかわってほしい」

親を結ぶ学童保育——情報共有、悩み語り合う

庭の一角にブロックでつくったかまど。その前で、小学生の女の子が汗だくになりながら昼食のご飯を炊いている。神戸市灘区の住宅街にある学童保育「どんぐりクラブ」。「もうちょっと木を奥に入れた方がいいよ」。隣でまきを割る指導員の森末哲朗さん（55）が、時々声をかける。

同クラブは1982年に地域の親が集まって設立した民設民営の学童保育だ。小学1年生から6年生までの23人が登録。夏休みは朝9時から夕方5時半まで、年齢の異なる子どもたちが生活をともにする。

「子どもが子どもを育てる」というのが森末さんの持論。料理や農作業など、幅広い体験活動を取り入れ、互いに助け合って成長している。「親同士の密な関係があってこそ、思い切った活動ができます」と森末さん。キャンプなどの行事には、できるだけ親にも参加してもらい、他人の子も呼び捨てにできる関係を築いている。月1回の保護者会では、個別の様子ではなく、それぞれの子のかかわり合いを伝えている。

森末さんは言う。「他人の子を知ることで、わが子を再発見する余裕もできます」

共働きで、地域の人々とのつながりが持ちにくいと悩む親は多い。学童保育はそんな親にとって、困った時に相談できる関係づくりのきっかけになっている。

「地域の情報を得る唯一の機会だった」。長男（14）を学童保育に通わせていた大阪府熊取町に住む宇野香奈美さん（40）も、そう振り返る。2002年7月、宇野さんら中学生以上の子をもつ親は、大人のネットワーク「ぐち×5（ぐちふぁいぶ）」を結成した。「学童保育を卒業しても、働く親同士が情報交換で

きる場を持ち続けたい」という思いからだった。

宇野さんは結婚して同町に住んだ。しかし、職場との往復で近所づきあいがないまま、8年前に長男の小学校入学を迎えた。同町の学童保育は公設民営で親も運営にかかわる。「働きながらできるだろうか。他の親とどう付き合えばいいのか」。不安でいっぱいだった入所式。先輩の母親から肩をたたかれた。「無理しなくていいんだよ。親も楽しみながらやろうよ」。会ったばかりなのに信頼できる気がした。保護者会を通じて、学校や家庭でのいろんな悩みや愚痴を言い合い、子育てに自信が持てるようになった。今も二男（11）と長女（7）を預けているが、長男の時には、他に話し相手がなく、年間数冊にもなった指導員への連絡帳の書き込みが、数ページ、数行と減っていった。

「ぐち×5」は好評で、テーマのない不定期の〝井戸端会議〟にもかかわらず、毎回10人以上が参加する。「思春期の子どもの悩みを打ち明けあえる信頼関係ができた」と宇野さんは話す。

同町の学童保育所で指導員を22年間している荻田千津子さん（45）は、「子どもが学童を出た後、親たちが自治会や子ども会に積極的に参加している」と言う。「学童保育での保護者のつながりはそのまま地域づくりの基本につながるんです」

地域の中の子育て（2003年9月20日@松江）

司会　宮崎緑さん（千葉商科大学助教授）
吉永みち子さん（ノンフィクション作家）
大日向雅美さん（恵泉女学園大学教授）
芦沢隆夫さん（芦沢医院院長）
中川一男さん（こども支援グループりべろ代表）

共にはぐくみ、次世代へ

▼親の支援に取り組んでいます。年配の方は「若い親を甘やかしすぎだ」といって、なかなか必要を認めてもらえません。（45歳のＮＰＯ役員）

▼高校生２人、小学生１人の母。ＰＴＡの役員で夜間パトロールを行うとき、「絶対に子どもに声をかけるな」と交番から言われました。地域ではどうしようもないのでしょうか。（43歳の母親）

◆祖父母は子の駆け込み寺／かかわり方に濃淡あっていい

芦沢　世代間の意識のずれは、ある程度仕方がない。一方で知恵は大事に伝えていきたい。いいと思ったことを自然に受け継いでいければいいが。

吉永　子どもの将来を思うのが親だとすれば、祖父母は、子どもの今を無条件に愛し、受け止めてくれる存在。親と違った視点から、子どもの駆け込み寺のような存在になってくれたらいい。

中川　高齢者にはいろんな技術を持っている方がいる。ソバ打ち体験では、民俗資料館にしかないような古い道具を使って、お年寄りが作り方を教えている。一方で、保育士や看護師を目指す高校生にも遊び相手になってもらっている。

宮崎　親でも地域でもない、新しい形の子どもとのかかわりもあるのですね。

大日向　30年くらい前から「お母さん一人で子育ては無理だ。子育て支援が必要だ」と訴えてきたが、当初は聞いてもらえなかった。今、社会全体が子育て支援を考え始めている。特にNPOの人たちが動き始めているのは大きな希望。ただ、NPOだけでできることではない。行政との連携も考えて、声をみんなで大きくしていきたい。

中川　子どもを取り巻く環境は変わっているのに、行政の施策が追いついていない。一人でも寂しい子どもが

司会　千葉商科大学助教授
宮崎緑さん

子育てを目的とするだけでなく、子どもと親が共に育つ手段として考えるゆとりを持ちたい。

いれば、拾い上げる、それはNPOでないとできない。思いを押しつけるだけじゃなく、気楽なスタンスで活動を広げられれば。

宮崎　子どもが被害者や加害者になる事件が目立つ。地域がどこまでかかわれるのか。

芦沢　子どもの凶悪犯罪が大々的に取り上げられて、ものすごい勢いで報道されてしまう。でも、自分の周りを見ていたらほとんどは元気な素直な子ばかり。あまり、お母さんに恐怖心を与える報道姿勢には疑問を感じる。

吉永　小学生の時、父親を亡くし、母親が病気になって、1か月半、一人暮らししたことがあった。不安で一晩中泣いて、学校を休んだ次の日に担任の先生が家に来た。夕方には、役場の人らしき女性、次に民生委員のおじいちゃんが来た。そのうち近所の人がご飯を持ってき

ノンフィクション作家
吉永みち子さん

今は情報が多くあれこれ考えすぎと言え、知らない方が幸せなこともある。

てくれるようになった。今、こうした部分が消えている。

宮崎　地域と子どもとの関係に模範解答はない。

大日向　子どもは突然キレない。シグナルをどうキャッチするかだ。子どもとのかかわり方には濃淡があっていい。直接子育て支援をする人と、何となく見守っている人。誰でも、小さなころから知っている子が5人くらいはいると思う。その子が気になる時に、「どうしたの」と声をかけられれば、地域全体で何百人の子どもを支えられる。

地域でどう付き合う

▼外で遊ぶ場合、幼いので大人がついていてやらねばならない。その際のほかのお母さんとのおしゃべりが苦痛。どの程度まで付き合うか悩みます。（33歳の主婦）

恵泉女学園大学教授
大日向雅美さん

大人同士が心豊かに違いをわかり合えば、子どもたちも互いの個性を認め合うようになる。

芦沢医院院長
芦沢隆夫さん

親は、重病かと心配で飛び込んで来るけど、90％以上は大したことはない。不安になり過ぎるのはどうかな。

▼育児休業中の小2と1歳の母。復職後に地域の子どもたちとの交流が少なくなるのが心配です。（37歳の公務員）

◆子どもの目線で遊び場づくり

宮崎　都心部では、隣の人の顔も名前も知らず、子育てで協力し合える関係にないことが増えている。一方、近所から知られすぎてやりにくい地域もあり、温度差もある。

大日向　働く親同士だけでなく、専業主婦のお母さんとも助け合えるのが理想ですが、無理する必要はない。私の場合、同じマンションのおばあさんが助けてくれ、感謝の気持ちを伝えると「何年か後、ほかの人に返してあげて」とおっしゃった。そんな異世代間で助け合う関係作りができれば。

芦沢　地域医療に携わりながら、私自身も2人の子を育てている。自分が子どもだったころは、親の都合で遊びの予定をよく変えられていた。親は自分の都合をもう少し通していい。失敗は許されないと悩むと、そんな親の気持ちが子どもに反映してしまう。

吉永　地域とは生活の場での人間関係。あるものではなく、作っていくもの。子どもを外に出すのが大変なら、家に入れればいい。大切なのは、お母さんがいい顔でいること。つらいことを無理にしなくていい。私自身病弱で、いつも家で「一人じゃんけん」で遊んでいたが、たくましく育った。

中川　不登校の子どもの居場所づくりと学童保育を主にしていて、土、日曜に自然体験の活動をしているが、

こども支援グループりべろ代表
中川一男さん

川で安全な遊び方を教えないまま、大人が危ないと言って入らせない。別の目線もあるんじゃないか。

大人の目線ではなく、子どもの目線で遊び場づくりをするといい。子どもは1メートル四方でも遊び場にする。地域にある財産を上手に使ってほしい。

5章

安心して過ごせるまちに

子どもが巻き込まれる事件が各地で起きている。思わぬ事故も後を絶たない。一方で、子どもだけで過ごせる空間は少なくなり、放課後の時間は習い事や塾などで細切れになっている。思春期もまた親の心配は募る。子どもたちは今、どんな世界で過ごしているのか。改めて見直してみたい。

◆学童で、その時々で、メールで

「コミュニケーションが下手」「深い関係を作ろうとしない」——。子どもたちの代名詞のように言われている。本当にそうなのだろうか。子どもたちに聞いてみた。「仲間って、何?」

＊

兵庫県宝塚市の小学校1年生、貴子ちゃん（7）（仮名）は、母親が働いているため学内の学童保育に通う。学童の友だちと同じクラスの子、近所の同学年の友だち、みんなと仲良し。唯一の不満は「好きな時に、好きな子と遊びたいのに、学童がある時は決まった子としか遊べない」こと。子ども同士で「休みの日、一緒に遊ぼう」と約束しても、家庭の行事や習い事が優先でなかなかそろわない。それが、少し寂しい。

中学3年生の晃一君(15)(仮名)は、1歳から通ったベビースイミングの教室で知り合った親子と、今も年1回、クリスマス会をしている。最初に知り合い、意気投合したのは母親同士。「教室がある日は毎週2回、外出できるのがうれしかった。終わった後、子連れで一緒にお茶を飲んだり、公園でお弁当を食べたり」と母親。その付き合いが今も続いている。1歳のころから顔を合わせてきた子どもたちは、幼なじみのような感覚。親同士がおしゃべりに花を咲かせる間、子どもだけで映画を見に行ったりと、結構楽しんでいる。

滋賀県の小学校3年生、亜里砂ちゃん(9)(仮名)は、学校ではやっているシールやカードの交換など遊び方が決まった遊びは苦手。でも、「放課後、遊ぼう」と約束されると、断れない。自分から好きな遊びに誘うことも苦手なのだ。そんな亜里砂ちゃんの仲良しは、小学校で同じクラスの優子ちゃん(仮名)。段ボール箱でおうちを作るなど廃材を上手に使って遊びを作り出す優子ちゃんとは、毎日でも遊べる。

*

大阪府の瑞穂ちゃん(9)(仮名)は担任の先生に心配された。「休み時間、一人で本を読んでるし、かと思ったら男の子とサッカーしたり、女の子とお絵かきしたり。特定のお友だちはいないの?」

瑞穂ちゃんの答えはこうだ。「だって、いつも女の子と一緒にいるとめんどくさいんだもん。特別な友だちはいなくていいの」。グループがあったり、一緒にトイレに行ったり。友だち付き合いは大変だ。その時、楽しいと思うことをみんなでできればいいのに。どうしてお友だちを作らないといけないの？　瑞穂ちゃんは思う。

大阪府のノリオ君（14）（仮名）は小学校に入学してまもなく、いじめと体罰が原因で不登校になり、家庭で学ぶ〈ホームスクーリング〉の生き方を選んだ。インターネットや地域の施設を利用し、関心のある分野の知識を得ている。特定の場を共有する同世代と交流はないけれど、年齢も地域も超えた仲間とつながっている。

2003年2月初旬、10日間にわたりタイの「子どもの村学園」などを訪ねる民間団体主催のツアーに一人で参加した。学園は、貧困のため最低の生活も保障されない子どもたちが学びながら暮らしている。そこである少女（17）と知り合った。向学心が強くて明るい。言葉の壁はあるものの通じるものを感じた。今でも、辞書を片手にメール交換を続けている。「学びも仲間も与えられるものではなく、自分から求めるもの」。ノリオ君は一つひとつの出会いを大切にしている。

◆つながり求める一方、不安も

「低学年の間は、『友だちの家に遊びに行く』と子どもが言っても、お母さんが必ず先方の親御さんに電話して、確認して下さいね」。神戸市の主婦、知美さん（34）（仮名）は、長男（7）が小学校に入学した時、先生からこう忠告された。

近所に子どものいる家が少なく、大人の目が届きにくい土地柄。「『行ってらっしゃい』と送り出して、

後は子どもに任せたいけれど、安心して遊べる環境ではなくなっている。友だちと遊ぶにも、親がかかわらざるを得ないのです」と知美さんは言う。幼稚園の時も、気をつかうことが多かった。母親たちはいくつかのグループに分かれていて、週に1度はグループ内の家庭に親子で集まって遊ぶ。子どもが遊びたがっても、別のグループの子は誘いにくい。その付き合いは、小学校に入ってからも、月1回のペースで続いている。長男は帰宅後、3歳の弟と遊んだり、スイミングなど3種類の習い事に行ったり。友だちと家で遊ぶ日は週1回くらいだ。公園に行くまでに踏切があり、近所の子どもたちは皆、小学生になっても母親が連れて行くことになる。そんな遊び友だちでさえ、4年生ごろからぐっと減る。半数は私立中学校を受験するために、進学塾に入るからだ。

学校は様々な家庭環境の子どもが集う場でもある。なのに、子どもたち同士が出会う機会は限られ、関係を紡ぎ、育てることも難しくなってきている。

＊

「中学校は社会の縮図なんですよ。自分で嫌と言わなければ、学校も助けられない」。大阪府豊中市のフリーライター、慶子さん（41）（仮名）は、長男（18）が中学の時、担任の先生に言われたこの言葉が今でも心に引っかかっている。

長男は中学校入学と同時に上級生から目をつけられ、殴られた。恐怖から「やめてくれ」と言えないまま、授業をボイコットすることや遊びに連れ回された。「何とか子どもを守りたい」と担任に相談したのだ。自分でノーを言うことが大切なのは分かる。でも、「社会の縮図」というのは、何なんだろう。長男が通った中学校は、進学塾に通い、トップクラスとされる高校に進学、国公立大学を目指す子がいる一方で、その進路からこぼれる子もいる。その中で、学校では様々な摩擦が起こっていた。いじめや学級崩壊……。

文部科学省の調査（2002年）では、中学校2年生の男子で「友だちといるより一人の方が楽しいと思う」のは「やや」を含めても32％だけだが、「みんな私を嫌っていると思う」という子が46％にも上った。つながりを求めている一方で、友だち関係に不安を抱えている。

小学校では、長男はたくさんの仲間に囲まれ、先生も「みんなが助け合って、楽しく」。それが、中学校に進んだとたん「自分を守るのは自分。人は助けてくれない」。このギャップは何だろう。ここは、社会の力関係がそのまま持ち込まれる場所なのだろうか。慶子さんは割り切れない思いだった。

◆周囲に合わせて、息切れ

「活発で親分肌。言いたいことははっきり言う」。大阪市の美咲さん（38）（仮名）は中学2年生の長女（14）が小学校高学年の時、担任の先生や友だちにこう評価されていると聞いて驚いた。家では力が抜けてぼんやりとしている。おとなしいタイプだと思っていた。

背が高くてがっしりした体格の長女はどうしても「元気で頼れる」と友だちに期待されたようだ。それに応えようと、外では弱みを見せずに頑張ってしまい、帰宅した途端に緊張感が緩んで、無気力になっていることに気付いた。中学校に入学後、ますます疲れが見えるようになった。マイペースで物事に取り組む性格の長女にとって、中学生活は融通がきかず、無理をしている人間関係も加わって、さらに窮屈そうだった。例えば、宿題は期限内に全部仕上げないと受け取ってもらえず、過程は評価してもらえない。授業中、黒板の文字を丁寧に書き写しているうちに、次に進んで文字がどんどん消されて、わからなくなる……。昨年夏、家庭の事情で引っ越して、転校した。慣れない集団。だれも声をかけてくれない。校則も以前の学校に比べて格段に厳しかった。これまでの〈張りつめた緊張の糸〉がぷっつりと切れ、通い始めて2、3日後に学校に行けなくなった。8か月たった今も休んでいる。

「元気でいなければ、しっかりしていなければ、と思い過ぎて苦しかったんですね」と美咲さんは胸がしめつけられる。再び外に出ていけるまでそっと見守る日々だ。

＊

文部科学省の2001年度の調査によると、不登校の児童・生徒数は13万8722人。不登校のきっかけとして最も多いのが「友人関係をめぐる問題」で19・7％。小学校の10・8％に対し、中学校になると21・8％に上り、成長するにつれ、人間関係の悩みが増すことがわかる。いじめや暴力だけではなく、無理をして周囲に合わせるストレスもある。

一方、ベネッセ未来教育センター（東京）が2002年9月、小・中学生の親に行った調査では、家庭の教育方針として92・7％が「子どもがつきあっている友だちを知るようにしている」と、交友関係への関心を挙げ、さらに「習い事や塾に通わせないと不安」（46・5％）、「教育・進学面で世間一般の流れに

遅れないようにしている」（51・4％）としている。

たくさんの友だちと仲良くして、勉強もできて、得意な習い事があって、生活体験も豊富――。不透明で複雑な社会を生き抜くため、子どもたちは多くを求められ、緊張状態を強いられている。

＊

滋賀県の里美さん（33）（仮名）は小学3年生の長女（9）が入学したころ、集団登校を送るたびに、「まるで葬列のように見えた」と言う。家が近い1年生から6年生までが班を作り、互いに話をすることもなく1列になって歩いていく。

長女が「今日は行くの嫌や」としぶっても、6年生のお姉さんは見守るだけで、声をかけたりしない。気を使っているけれど遠慮がち。どうかかわっていいのか、戸惑っている。「みんな、なんて緊張しているんだろう」。里美さんは痛々しく思う。仲間との距離を測りながら進む学校までの道。大人への道のりに重なるかのようだ。

どうする？　子どものなかまづくり（2003年6月21日@福山）

司会　蓮舫さん（キャスター）
大森一樹さん（映画監督）
高山英男さん（子ども調査研究所所長）
久田恵さん（ノンフィクション作家）
渡辺和恵さん（弁護士）

いじめられっ子・引っ込み思案

▼近所に年上の子どもしかおらず、5歳の長男はいじめられているように感じる。幼稚園でもいじめられっ子。大きくなって人間関係で悩むのでは。（38歳の母親）

▼小学2年生の長男は家で過ごすのが好きで、放課後もクラスメートとの交流がない。学校で友達とうまくやっているのだろうか。（41歳の母親）

◆自分で克服する力、育てて／そのままを受け止めて

高山　3、4歳でわんぱくな子におもちゃを取られたり、たたかれたりするということを経験しないと、大人になって上司にいじめられたら徹底的にめげるということになってしまう。耐える訓練をする時期があっていい。親が友達との付き合いについて不安がると、子どもに影響してしまう。

渡辺　私たちが子どものころは主従関係があり、その中でぶつかり合って自分を作っていった。子ども世界で勝っておかなければ、大人世界で勝てないという価値観

が浸透してしまっているが、そういう考えから親が解放されないと、子どもは良い子を演じなければならなくなり、疲れる。幼児期は、子どもが自分を作ることを優先する人生観を親が持ってほしい。

蓮舫　小学2年生は、仲間づくりについて親がアドバイスをすべき年齢か。

久田　明るくてだれとでも仲が良く、積極的に友達ができる子がよいと思われがちだが、引っ込み思案な子でも友達と遊んでいない時に、自分の心を耕している。そこにいる子をそのまま受け止めることだ。引っ込み思案なあなたが好きよと。

大森　子どもの責任は親が取る。それをどこまで体を張って実行できるか。親は責任を取れないかもしれないという気持ちから不安が生まれる。友達と遊ばない。だったら私が一生、友達でいてやろうという気持ちを持つことだ。

蓮舫　うちの子2人は3歳で幼稚園に入った。元々活動的な娘が一人で本を読んで帰ってくるようになった。一方、息子は、はだしで幼稚園を走り回っていた。娘の方を心配していたが、半年もすると折り紙や絵本の好きな友達を誘えるようになった。子どもには子どもの個性があり、親がどんなに修正しようとしても、自分で克服する力を見いださないと身につかないと実感している。

司会　キャスター
蓮舫さん

これだけは譲れないという何か一つに絞って育児に臨めば、妥協点が見えてくる。

外の世界に踏み出す時

▼長女は「学校ではにこにこと良い子をしている。家での自分が本当だ」と言います。親はどのように働きかければいいのでしょうか。（47歳の母親）

▼小学校1年生の長男は厳しくしつけているのに、仲良くなってほしくないタイプの粗暴で言葉遣いが悪い子と友達になります。影響を受けるのではと心配です。（34歳の母親）

◆子どもに「インタビュー」を／親は構えず率直に話そう

渡辺　息子が高校生の時、「学校は疲れる。家にいる時が本当の僕」と言い、大人が思う以上に子どもは疲れていると驚いた。親は構えずに、考えていることを率直に話せばいいのでは。

映画監督
大森一樹さん

子どもの世界は大人とはまったく違う感性で動いており、大人の論理を持ち込んではいけない。

大森　社会に出た時に一気に重圧を受ければ、耐えられない可能性だってある。学校で少々のストレスを持つことは必要ではないか。

渡辺　当たり障りのないつき合いをするなど、友達の前で仮面をつけなくてはいけないことが問題。自分を出せないから疲れてしまう。ぶつかり合いながら成長していくことが保障されていない。無理やり押しつけられたルールがあればストレスを抱く。納得できるルールでなければ。

久田　息子が15歳で不登校になった時、あえて理由を尋ねなかった。弱っているのが分かったし「この子にとって学校に行かないほうがいい」という直感があったからだ。子どもの世界にも様々な人間関係があり、一度シャットアウトしてじっくり考えたかったのだろう。

子ども調査研究所所長
高山英男さん

それぞれの子どもが、違いを発揮しながら仲良くすることが仲間づくりの基本だ。

蓮舫　子どもの言葉がＳＯＳなのか、甘えやわがままなのかという判断は。

久田　うちは母子家庭で、戦友のような意識がある。人生の節目で重いテーマについて互いに必死に考え、話し合ってきた結果、子どもに対する直感も育った。息子も「本気で考えたことは、母も認めてくれる」と思ってくれたようだ。時々は親子で真剣に語り合ってほしい。

高山　親が、子どもという他者に好奇心を持って率直に質問する〈インタビュー〉が欠かせない。最近は「かったるい」と、他人に好奇心を持てない子どももいる。インタビューは、他人への好奇心を育てるトレーニングにもなる。

大森　親が良い友達のイメージを押しつけていないか心配。有名人の子ども時代を見ても、変な友達も悪い友達もいる。親は映画や本を通じて良い友達のイメージのバリエーションを広げなければ。

高山　仲間づくりは子どもに任せるべき。幼稚園の時は母親の保護下にあるが、小学校低学年で母親から離れ、友達と群れる方が好きになる。つるんで悪さをするギャングエイジの時期で、仲間社会に帰属し、その価値観を大事にする。子どもの成長には重要な要素で、親も応援してあげてほしい。

久田　思春期と違い、幼児期の子ども同士の影響はしれている。ギャングエイジは抑えつけない方がいい。ただ、財布から金を盗むなど悪いことをしたらきちんとしかるべき。友達をたたいて、相手が痛がって、怒られて……という経験の中でだんだん分かっていく。

ノンフィクション作家
久田恵さん

迷惑をかけたり、かけられたりしながらドアを開いていかないと子どもは育たない時代。

弁護士
渡辺和恵さん

子どもたちに、自分を育ててくれている周りの温かい目が伝わるような社会づくりを。

まちの中で

▼近所に遊び場がなく、5歳の長女の友達が毎日、幼稚園から帰るとすぐに遊びに来て困る。うちでおやつを食べているのに、親は迎えにも来ない。（32歳の母親）

◆各家庭の文化、認めよう

大森　子どもを楽しく遊ばせるにはこれぐらいのリスクはあるだろう。相手の親には言いにくいが、言った方がいい。言えないならがまんして。

蓮舫　子ども同士が仲良しでも、親同士は子育てに対する考え方の違いから、うまく付き合えないことがある。

渡辺　よその家とは違うんだと言っていれば、限りなく違う。でも、声を出すことによって相手の親との距離が縮まることもある。自分が心を開けば、変わる世界もあることを知ってほしい。

久田　中流家庭が多い地域に住んだ時のことだが、そこでは子ども同士がアポを取ってから遊ぶ。「今日は何時から遊べる?」「だめ、遊べない」とか。そこで、家を開放していつでも遊べるようにした。アポのない子が来ても断られないように。道を歩いていると知らないお母さんに「いつもお世話になって」とお礼を言われたことがあった。

大森　家庭にはそれぞれ文化があり、相手の文化を認めないといけない。目的があるからコミュニケーションが必要になるのであって、それ自体を目的にする必要はない。

蓮舫　細切れの時間でうまく遊べないのを心配しているお母さんもいるようです。

高山　学習塾だけでなく、水泳、ピアノと子どもたちの放課後は忙しい。スケジュールの合間が子どもにとって自由な時間。遊びを充実させるために、その時間をどう過ごすか、周りの大人たちがサポートしてやることが大事だ。

◆自立手助け、どこまで――友人増やす時期では、人生模索してほしい

文部科学省は2002年度実施された新学習指導要領の基本的なねらいを「自ら学び、自ら考える力などの生きる力をはぐくむ」とうたっている。一方で依然、若者の就職難は続き、大人でさえ将来は見えにくい。「生きる力と言われても、何を、どうすれば……」と悩む親たちは多い。

「また今度な」。大阪府松原市の主婦直美さん（41）（仮名）は、中学1年生の長男（12）が、友だちからの電話に、度々断りを入れるのが気にかかる。自宅で漫画をかいたり映画のビデオを見たりして過ごすのが好きな息子。「休日まで縛られたくない」と、クラブにも入らない。

小学4年生の二男（9）やその友人とはよく遊ぶ。その中で二男に命令したり、手をあげたりする姿を見ると「同年齢の友人の中で自分を表現できないうっぷんだろうか」と思える。

「友だちが大事になっていく時期。いろんな人とかかわってほしいのに」

そう思うのは、9年前、引っ越して来た時、直美さん自身が地域に溶け込めず、つらい思いをしたからかもしれない。毎日子どもたちとだけ過ごす日々に、「外に出たい。人と話したい」と痛切に思い、市の託児つき教育講座に応募。いろんな年齢、職業の人たちと語り合ったことで、少しずつ気持ちがほぐれた。

世界が広がっていく面白さ。自分の言葉で話す緊張感、それをじっと聞いてくれる人がいることの大切さ。どれも、子どもに知ってほしい。でも、どうやって。「いろいろ体験してほしい」と、言葉で伝えてはいるのだけれど。

＊

「何となく、流されるように日々を送っているようで」と、高校3年生の長男（17）のことを心配するのは、奈良市のＮＰＯ（非営利組織）法人スタッフ、孝子さん（47）（仮名）。

来年は大学受験。理系に進むことに決めたという。理由は、英語が不得意だから。「どちらかと言えば理系がましかな」

「将来はどんなことをしたいの？」と聞いても「まだ分からない。なるべく努力しないで、いい生活をしたいなあ」と答える。

孝子さんが勤めるＮＰＯは、女性の就労に関する情報交換や交流をしている。その中で、大人の職業選択や将来設計が困難な時代だ、と知っている。学校でも職業教育はまだまだ手薄。今、将来を決めるのは無理だとは分かっている。それでも、自分の人生を模索する姿を見せてほしい。

大学に入れてもすぐにやめてしまわないか。将来、つまずく時が来るのではないか。漫画を読んだり、音楽を聴いたり、とても性格の穏やかないい子なのだけれど……。

「子どもの人生だから、自分で迷い、決めていけばいい。そう思うのです。でも……」。親の迷いは尽きない。

◆広がる交友、心配募る——娘の帰宅、急に遅く／携帯電話手放さず

「もしかして彼氏ができたのでは」。大阪府内の主婦順子さん（45）（仮名）は1年前、近くの公立高校

に通う長女美由紀さん（18）（仮名）の帰宅が急に遅くなったことから直感。そのうち、家に遊びに来た男の子を「友達」と紹介された。

毎日、午後4時過ぎにいったん帰宅した後、2人で待ち合わせて出掛け、帰るのは夜中の12時ごろ。怒った夫（54）が、携帯電話に自宅の電話番号を通知して切る〝帰れコール〟を何度も入れるが聞き入れない。

ちょうど二女（17）にもボーイフレンドができ、2人そろって帰宅が11時を過ぎる日が続いた。恋愛に夢中の娘たちと、いらだつ夫との板挟みになった。

娘たちは、髪を染めたりピアスをしたりして、おしゃれに気を使ういまどきの女子高生だ。でも、10代の早い性体験や望まない妊娠が、世間で話題になるだけに「心身ともに傷つくことになっては」と心配でたまらない。

図書館で借りてきた性教育の本を、2人の目につくところに置いた。悩んだあげく、美由紀さんに手紙を書き、部屋の前にそっと置いた。

『男の子と付き合って、もし何か行動に移す時がきたら、相手の感情に流されるのではなく、イエスもノーも自分の意志で選び、結果には責任を持ってほしい。自分自身を大切にしてください』

まもなく2人は男友達と別れ、今は同性の友人とのおしゃべりが弾んで朝帰りすることがある。「夜道を帰るより、朝の方が安心でしょ」。そう言われると言い返せないが、娘の自転車が庭にあるのを確認するまで落ち着かない。

手紙について、美由紀さんからの反応はなかった。「成長するうえで傷つくことがあっても、できるだけ小さな傷であってほしい」。そう願いつつ、子どもとの距離の取り方に迷ってばかりだ。

どんどん広がる子どもの友達や異性との付き合いに、どこまで口を挟んだらいいのか、悩む親は少なくない。

＊

大阪府内の会社員達夫さん（48）と由美子さん（44）夫妻（仮名）も、高校1年生の長女（15）の携帯電話のメールのやりとりに困り果てている。

「携帯がないと友達と付き合えない」とせがまれ、買い与えたのが中学2年生の時。学校や自室で使うことを禁じているので、主に帰宅してから居間で使っている。

だが、食卓に置いたままご飯を食べる。入浴時は脱衣所に持ち込む。午前1時ごろまで画面とにらみ合い、注意すると逆に怒って、手当たり次第モノを投げつけてくる。

「勉強に集中していない」と心配する由美子さん。親子の会話はほとんどなく、ストレスで、由美子さんは睡眠薬が手放せなくなった。

「友達との、こんな付き合い方が普通なんでしょうか」。他の家はどうしているのだろう。

思春期と向き合う――「自立」喜べる関係を（2002年5月18日@奈良）

司会　桂小米朝さん（落語家）
井上敏明さん（神戸海星女子学院大学教授）
千葉紘子さん（歌手で篤志面接委員）
大八木淳史さん（元ラグビー日本代表）
渡辺和恵さん（弁護士）
中村正さん（立命館大学教授）

携帯電話・親への反発

▼15歳の娘は友達との携帯電話のメールに夢中です。友達の話はよくしてくれるし、電話代はこづかいの範囲内。学校や自室で使わない約束も守っていますが、遅い時は居間で深夜まで使い、注意すると怒って周りの物を投げます。心身に悪影響がないか心配です。（44歳の母親）

◆メール交換、一つの方法／〝中毒〟になる魔力も

大八木　こんなもんじゃないでしょうか。今はどんなに夢中でも、そのうち飽きてきます。

小米朝　会場のみなさんの中で、子どもに携帯を持たせている人は？（挙手を求める）。ほとんどですね。

千葉　この年代は、友達とのつながりを何よりも大事にする。遅くまでメール交換をしていても、約束通り居間で使っているし、友達の話もしてくれる。親の基準で心配しすぎず、よい面を見てあげて。

司会　落語家
桂小米朝さん

いろんな人生があり、違いがあるのが世の中。違いを認め、許し合える社会になれば。

中村　持たせる以上は、使い方のルールを決めることが大切。どれだけお金がかかるか家計簿を見せて話すなど、禁止するのではなく相談して、自分でコントロールするよう話す方がいい。

井上　携帯は、時間と空間が一瞬につながるメディア。どこか不安で絆《きずな》づくりができない時期の子どもが、「いつでもだれかとつながる」と、気持ちが安定するなら大いに活用してほしい。

渡辺　確かに人間関係をカバーする面もあるけれど、〝中毒〟になる魔力もある。携帯に頼りすぎて、相手の表情を見ながら話す機会が失われつつある。ただ、一律に反対するのはよくないでしょう。

小米朝　自分たちの子どものころにはなかったモノがどんどん出てきて、親としてはどう対処すればいいか迷ってしまう。

井上　親子でメール交換してはどうですか。話すのと違って、ワンクッション置いて考えながら文章を打つので、感情がうまくコントロールできて、いい関係になる。

神戸海星女子学院大学教授
井上敏明さん

思春期の混乱は、体の仕組みが変わるから。そう知っていれば、待つ気持ちが生まれる。

親離れ・子離れ

▼高校3年生の長男は将来について特に希望もなく、理系の大学に進む以外決めていない。それも英語が不得意だから、理系の方がましという消極的理由。「なるべく努力しないでいい生活をしたい」などと言う。どう見守れば。（47歳の母親）

◆「共有する時間」大切

渡辺　「努力は報われる」との模範回答では伝わらないかも。一人の大人として、具体的な体験を思いを込めて話して。

大八木　息子がわからないとの心配だと思う。映画に行ったりして、共有する時間を持つのも大切。

井上　男の子は世間の厳しさを感じているが、母親に対する照れ、甘えから、からかうようにこんなことを言う。心配顔を見てにやにやしてる。それで当たり前。このままでいい。

中村　ふだん「あなたは○○しなさい」と「あなた」を主語に話していませんか？「私は、こう思う」と主語を「私」に切り替えてみては。子どもは変化を感じ取りますよ。

ハラハラする行動

▼高校2年生と3年生の娘。彼氏と会っていて夜遅く帰宅したり、友達と遊んで朝帰りしたり、気が気ではありません。携帯に〝帰れコール〟を入れるなどいらだつ夫と娘らの板挟み状態。性体験のことも気になり、娘に手

歌手で篤志面接委員
千葉紘子さん

子どもは親に愛されたいと思っている。だから伝えて。「大切に思っているよ」と。

紙を書くなど最低限の注意はしているのですが、距離の取り方に迷っています。（45歳の母親）

◆顔を見て思い伝えて

千葉　思いを手紙で伝えたのは素晴らしい。でも、できれば向き合ってほしかった。親の姿勢を示した時に、理解するか対決するかをよくみて、互いに折り合いをつける道を探ることが大切です。

渡辺　「自分を大切にして」と伝える時は、母親というより、女性の先輩として体験を語ってほしい。父親は床の間に飾るような娘を願い、頭ごなしに怒るか突き放すか両極端。父親が厳しかったため、優しい男性にひかれ、危険な目にあうケースもある。異性との最初の出会いは親だと自覚してほしい。

元ラグビー日本代表
大八木淳史さん

子どもは今も昔も根っこのところは同じ。ワクワクする体験を、いっぱいさせてあげて。

弁護士
渡辺和恵さん

体罰、いじめ。理不尽は山ほどある。でも「おかしいことは変えられる」と知ってほしい。

大八木　父親のモヤモヤした思いを、彼氏にビシッと言ってみては。「お前のおやじうっとうしい」と別れるなら、それだけの男と娘に言えるし。

小米朝　ヨーロッパでは親の了解のもと、自宅で初体験するとか。そんな雰囲気のない日本で、性をどう語ればいいのでしょう。

中村　情報ではなく文脈やストーリーで語ることが大切。うちはアルバムを見せながら、両親のデートの場面から子どもが生まれるまで、家族のストーリーとして話しました。

大八木　ある時期を過ぎたら、男はオオカミなんですよ。「気をつけないといかん」と、ちゃんと言うべき。

渡辺　一番近い男女のつながりは両親。お互いを100以上ほめて、尊敬しあっている基本的な姿勢をみせてほしい。セックスは人間の究極の関係なんです。

小米朝　帰宅が遅く、ピアスをしたり、友達からたくさんのお金をもらったりするという15歳の娘さんに関する相談もありました。

中村　大人がよしとしない価値にあえて身をおくのは「発達のための逸脱」。親から離れる自立の準備をしている。

井上　ピアスの問題より、たくさんお金をもらうことが心配。何事にも「時」がある。言うべき時は言うというタイミングをつかむことです。親子とは不思議な関係で、対決しても必ずいつか氷解します。

いじめ・非行

▼小学6年生の娘はおとなしい性格。クラスの子の母親から「学校でいろいろ（いじめを）されているよう」と聞き、尋ねると、「何もない」と涙ぐみました。どう対処すれば良いでしょう。（38歳の母親）

◆被害者を非難しないで

千葉　涙にどんな思いが隠されているのか。親に言いたくても言えないのではないのか、娘さんの立場で見直してみてほしい。自分で立ち向かおうとしているのなら、抱き締めて「理不尽なことはいっぱいあるけれど、私はあなたの味方よ」と伝えてあげて。

小米朝　ほかにも子どものいじめにかかわる体験をした人は（挙手を求める）。10人ほどですね。

井上　本当にいじめられてつらそうだったら、学校を休ませるのも一つの手。ただ、私はいじめの受け止め方についても考えたい。子どもは動物のように、群れてやり合って育つもの。大人の目が行き届きすぎて、そうしたぶつかり合いさえ、「いじめ」として止められているようにも感じる。

立命館大学教授
中村正さん

今日のような場がもっといっぱいあればいい。一人で子育てしているわけじゃないのだから。

渡辺　おっしゃる通りですが、弁護士が関与する中には、いじめを受けた子どものＳＯＳを見逃したために自殺したといった深刻なケースもある。「親に心配をかけてはならない」「親に言っても解決しない」と、死を選ぶ。残された親は悲痛です。ＳＯＳを出して来たら、どうか「乗り越えろ」「強くなれ」と激励するだけに終わらないで。

中村　高校生に、いじめられた体験の調査をしたことがある。その当時「お前が悪い」「言い返せば良かったのに」と、親や周囲から言われた子の方が、時がたっても傷が深い。いじめに限らず「被害者は非難しない」は鉄則。このお母さんはそれができていていい。

小米朝　この時期の子どもに、親はどこまでかかわればいいか悩みますね。「離婚後、高校1年生の長男が非行の道へ。友人と遊び回っている。できることは何でもします。長男を変えられるのは私だけ」という相談もあります。

千葉　一人の人間を無理に変えることはできない。ただ、きっかけとして、遊び友達の親と話をしたり、高校での生活を知ったりはできるのでは。

中村　どうしても母だけが頑張ってしまうのですが、インターネットには同じ体験をした人のホームページもある。そうした場で情報交換するなど、周囲とつながることも考えて。

◆標語で防犯意識積み重ね――合言葉は「イカのおすし」

「みんなー、イカのおすし、覚えてる?」

福井県敦賀市立葉原小。辻子幸雄校長(54)が、休み時間に廊下にいた子どもたちに問いかけた。全校児童15人の小さな小学校だ。「覚えてるよ。あのね、イカはね、『イカない』だよ」「あれ、『お』は、なんだったっけ?」「『おおごえをだす』よ」。子どもたちは互いに教えあいながら、元気にこたえた。

「イカのおすし」は、子どもを犯罪から守るための安全標語。警視庁生活安全部が考案した。▽知らない人について行かない▽車に乗らない▽大声を出す▽すぐ逃げる▽大人に知らせる――の五つだ。新聞で昨年夏、この言葉を知った辻子校長は、学校便りで紹介。冬休み前の終業式などでも、子どもたちに話してきた。同校は、敦賀市中心部から北東約7キロの谷あいにあり、すぐ前の国道の通行量は多い。「交通事故だけでなく、連れ去りなども気がかり」と、バス通学の子どもたちが下校時に一人にならないよう教師が付き添うなどしている。

*

2004年11月に奈良市で起きた小学生誘拐殺害事件などから、奈良県では毎月第3水曜を「子どもの安全を考える日」とし、集団下校などを指導している。同県王寺町立王寺南小では、校内に「イカのおすし」と書いたポスターを張り出し、校内放送で呼びかけている。増田雄史校長は「とっさの時に思い出してくれれば」と話す。島根県斐川町では、地域住民が昨年設立した「出東子どもの安全を守る会」

（400人）のメンバーが小学生らの集まる場で紹介している。事務局長の常松耕治さんは「覚えやすいのが何よりいい」。

＊

「不審者が入り込んで逃げやすく、他人から見えにくい場所に、子どもが一人で近づかないよう親などの大人が気を配るのが基本です」と立正大文学部助教授（犯罪社会学）の小宮信夫さんは強調する。「そのうえで、子どもたちに『イカのおすし』を教えたい。それを知っていれば安心というわけでは、もちろんなく、非常時の最終手段と考えておく必要があります」

犯罪防止は、日ごろの積み重ねが不可欠だという。家庭でも「一人で遊ばない」「遊びに行く時はどこでだれと遊ぶか、家の人に言っておく」などのルール作りが大切だ。

学校や地域だけでなく、家庭でも「合言葉」にして繰り返し口にするようにすれば、より有効なのかも知れない。

◆身守る術、プログラムで体得――寸劇通し親子で知る人権

子どもが巻き込まれる事件が続発するなか、子ども自身が身を守る術《すべ》を体得するプログラムが注目されている。アメリカ生まれの「CAP《キャップ》」の取り組みもその一つだ。CAPは、子どもへの暴力防止を意味する「Child Assault Prevention」の略。

ロールプレイ（寸劇）を交えながら体験型の研修形式で進める「こどもプログラム」と、保護者らが対

象の「おとなプログラム」がある。大阪府堺市内の小学校で行われた「おとなプログラム」。母親らを対象に、子ども向けのロールプレイが紹介された。テーマは「いじめ」。下校途中に待ち伏せし、「ぼくのかばんを持てよ」と強要する上級生にどう対処するかを、母親も寸劇に参加しながら考えた。「友達についていてきてもらったらどう?」「先生に知らせるのは、告げ口ではない」。さまざまな意見やアドバイスが活発に交わされた。

「こどもプログラム」では誘拐（見知らぬ人から）、性暴力（知っている人から）なども扱う。万一の時、おなかに力を入れて「ウオオオ」としぼり出すように叫び、周りに助けを求めるようにも指導。実体験も話し合う。

＊

日本ではまだまだ薄いとされる子どもの人権意識を高めるのが狙いだ。暴力は、子どもの「安心」「自信」「自由」という三つの権利を奪うものと、プログラムでは再三、強調する。

CAPは、全米で子どもへの性犯罪などが続いていた1978年、オハイオ州のレイプ救援センターで開発され、日本には85年に紹介された。CAPセンター・JAPAN（兵庫県西宮市）によると、現在、約140団体が自治体や学校園と連携して普及に努めている。

堺市では、市内の全小学校の5年生で実践。プログラムを受け持つNPO（非営利活動）法人「えんぱわめんと堺／ES」代表理事の北野真由美さんは「保護者も一緒に考えることが大切です」と話す。「これまで大丈夫だったから」「自分は関係ない」。そう思い込まず、子どもたちを屋外や留守宅で一人にすることがいかに危険か、を知るのが基本の一つだ。

＊

警察庁によると、２００４年（１―11月）、20歳未満が被害にあった事件は、約33万件にも上る。窃盗が大半で、傷害６４３３件、恐喝６３８１件、暴行５８７１件、強制わいせつ５０９４件と続く。強姦《ごうかん》、略取・誘拐も後を絶たない。これらは事件処理された件数のみで、子どもが親に知らせていなかったり、親が届けなかったりなど〈隠れた〉被害も多いとされる。

ＣＡＰでは、どんな内容であっても子どもが被害を打ち明けたことを「話してくれて、ありがとう」と受け入れる。一人で抱え込ませないことが悩みを和らげ、再発防止につながるからだ。

「エンパワメント・センター」（兵庫県西宮市）主宰で、ＣＡＰを日本に紹介した森田ゆりさんは言う。「子どもが自分を大切に思い、自身が持つ力を引き出し、生かせるようにすることが、暴力防止につながります」

◆愛犬家や警察ＯＢが協力――地域と保護者、防犯で連携

子どもの安全を守るには、「自分で自分を守る」技能を身につけるための安全教育だけでなく、保護者と地域、行政が手を結んで子どもを守る機運を作ることが大切だ。バラバラに取り組むのでなく、気になる情報などを交換しあう「開かれた防犯対策」が求められている。

大阪府南部の熊取町。２００３年5月、当時小学4年生だった吉川友梨ちゃんが下校途中に行方不明になり、まだ見つかっていない。このことは、地域住民たちが子どもたちの安全に目を向ける大きな契機に

なった。愛犬家約70人でつくる「わんだふるくらぶ」は朝夕の散歩時に、愛犬に目立つ薄緑色のウエアを羽織らせ、不審者などに気を配る「わんわんパトロール」を2004年春から行っている。動く「子ども110番の家」だ。地域の警察署や防犯協会と連携し、「女子中学生が車で連れ去られそうになった」などの情報があるたびに、会員間でファクスをやりとりし、目配りの参考にしている。代表の伊藤節夫さん（65）は「朝夕の散歩を、登下校の時間に合わせ、子どもたちに安心してもらえるようにしています」と話す。妻郁子さん（57）も「最近は『あっ、わんわんパトロールや』と幼い子から声がかかるようになりました」と定着に自信を見せる。

＊

不審者などの発見とともに、危険個所の把握も重要だ。同町では、子どもたちの意見を参考に、小学校区ごとの「安全マップ」作りを行っている。これまでにひやりとした事件が起きた場所や、万一のときに駆け込む「子ども110番の家」はどこにあるのか、などを地図に書き入れ、学校内に掲示するなどしている。下校時の通学路では、保護者らが交差点などに立つ。交代とはいえ、毎日の立ち番は負担だ。保護者らの自助努力だけに任せるわけにはいかない、と町の旗振りで、警察OBらでつくる「熊取安全パトロール隊」も発足した。二人一組で専用車2台に乗り、通学路や人通りの少ない道などを毎日、回る。「プロの目から、さまざまな視点でチェックしています」と同隊の久保慶典さん（61）。公園周辺で見かけた見知らぬ人、物陰などに不自然に止められた車やバイク、自転車などに目を光らせ、ゴミの不法投棄などもチェックする。

＊

未解決のまま、張り詰めた警戒状態が続くなか、ボランティアらの負担感も少なくない。「いつまで緊急対策を続けるのか」「そこまで必要があるのか」との声もある。「うまく交代しあったり、引き継ぎしたりで、いい意味での平常化を図りたい」と同町教育次長の田中豊一さん。「複数の取り組みが網のように重なることが、犯罪者が近寄りがたいムードに結びつく」と理解を求める。

取り組みが始まった2003年度は、町内での犯罪発生率が前年度比で約3割も減った。現在も、「犯罪者が近寄りがたいムード作り」は続いている。

◆不登校・引きこもりにどう対処——求められる父の存在感

子どもの安全を考える時、父親のかかわり方がカギになる。犯罪被害から身を守るというだけでなく、わが子を加害者にさせない、という意味でも大切だ。

「子どもが気軽にSOSを発信できるようになるために」と題した市民講座が2005年3月初め、大阪市北区の市立総合生涯学習センターであった。仕事帰りの父親向けで、平日夜の開催。子どもがしんどい気持ちになった時、誰にどんな助けを求めるかをテーマに、不登校や引きこもりの背景にある心の問題を語り合った。

講師の大阪教育大助教授（心理学）の水野治久さん（40）は、カウンセラーとして子どもたちと向き合った経験のほか、長崎県佐世保市での女児殺人事件にも触れ、「少女期に見られる仲間同士の葛藤《かっとう》は今や小6がピーク。2人だけの濃密な関係がエスカレートしたのでは」と話した。

わが子にかかわる身近な問題に、ネクタイ姿の父親らが聞き入った。大阪市内の会社員（44）は、不登校気味の中2の長男（14）に「つい問い詰める口調になってしまう」。問題の押し付け合いで妻とも口論になるという。「父親として子どもや妻をどんなふうに受け止めたらいいんだろう」。3年前に妻を亡くし、中3、小6、小2の3人の男の子を持つ大阪府豊中市のNPO事務局長、社義宣さん（52）も「子どもの心の声をどこまで受け止められているかに自信がなくなってきた」。仕事から帰ると「あれはやったか？」「あの準備はしたか？」との言葉が口をつく。「こんな話し方ではいけない」と実感し、母親がいれば、もっと耳を傾けてやれるのではとも思う。逆に、息子がいたずらして迷惑をかけた会社の社長が折に触れ温かく声をかけてくれると、「地域に子どもを助ける力がある」と感じることもある。

＊

この日の参加者40人中、男性は7人。父親向け講座にしては少ないが、総合生涯学習センターでの教育関係の講座で「男性がこれだけ集まるのは異例」という。「仕事が忙しいなどで、ふだん父親はなかなか来ない」と同センターの多賀井英夫さん。

父親が地域に溶け込んでいないことが、子どもの安全にも影を落としているとの指摘もある。大阪市西淀川区で地域活動をしている男性（44）は「大人には子どもを守る責任があるのに」と疑問を投げかける。「今の大人は自分が子どものころ、周囲の人に見守られて大きくなったのを忘れている。お返しをきちんとすべきです」

子どもの安全を考える時こそ、父親の存在感が求められると言えそうだ。男性の積極的な育児参加を訴えている神戸常盤短大講師の小﨑恭弘さん（36）は「世の中のルール、他人との距離の取り方など、社会を良く知る父親が子どもに伝えるべきことはたくさんある。安全について母親とは違う立場で、子どもと話し合える関係を保っていたい」。

◆リスクとハザード分け検証――道路、遊具、水……事故防ぐには

あっと思った時には、エスカレーターが止まっていた。京都市の主婦（39）は、娘（5）と出かけたショッピングセンターで、どきりとした経験がある。

エスカレーターに乗った娘が手すりにぶら下がったため、安全装置が働いて自動的に停止したのだった。娘にけがはなかったが、厳しくしかった。「大人にとってはわずかな時間でも、子どもはじっとしていられない。こんな場所でさえ遊びたいのだと痛感しました」

神戸市の会社員（34）は2004年末、小学1年生の長男（6）が交通事故に遭って驚いた。自転車で友人の家に向かう途中に、交差点で乗用車と接触。自転車ごと倒れたが、打撲と擦り傷で済んだ。「同級生が皆、自転車を乗り回すなか、息子に乗るなとは言えない。気をつけて、と言う以外、対策がなくて」。行動範囲をどんどん広げる息子を、頼もしくも、不安な思いで毎日見送る。

＊

子どもの遊び場だから安全なはず、と考えがちな公園にも、危険は潜む。大阪府高槻市で2004年春、回転遊具で遊んでいた児童2人が指を切断するなど、重大な事故が毎年のように起きている。

遊具や遊び場の安全を考える市民団体「プレイセイフティネットワーク」（神戸市中央区）の山本恵梨さんは「リスクとハザードを分けて考えるべきです」と指摘する。リスクは楽しさやスリルを生み出すもので、子どもが危険を判断し、避ける力を発達させる機会にもなる。一方、ハザードは死や障害につながる重大な危険。ブランコなら、立ちこぎや飛び降りはリスクだが、頭にぶつかる危険のある座板が硬い材質でできていたり、安全さくが近すぎる距離に設けられていたりすることはハザードだ。ハザードを除くことこそが重要で、そうした考え方が浸透している欧米と、日本を比べると、様々な違いがある。例えばジャングルジム。欧米では普通、中央は空洞になっていて、上り下りできるのは外側だけだ。遊具での事故の約8割が転落というデータがある。「子どもは転落するもの」という前提に立って、落ちる時に体をぶつけてけがをひどくする危険のある障害物はなくすべきだ、と考えられているからだ。遊具の下や地面には、衝撃を和らげる素材でできたマットなどが敷かれる。踏みしめられた硬い土の地面が一般的な日本とは対照的だ。

マフラーやフードのついた服、たすき掛けのかばんなどをつけたまま遊具で遊ばない、といった子どもや周囲の大人が対処すべきハザードもある。それ以前に、「万一けがをして救急車を呼んでも、そこが正式に何という公園で、管理者がだれなのかといった表示がない公園が多いのです」。

＊

２００３年に不慮の事故で死亡した0～14歳の子どもは７５１人。うち交通事故での死亡は２９６人。転倒・転落が48人、水死が１３２人、不慮の窒息が１８２人だった。

「事故に遭うようなことをした子が悪い」「親が目を離したから」と責めるだけでは、再発は防げない。

「起こった事故をよく検証することで、事故は減らせるはずです」と山本さん。その言葉は、遊具だけでなく、他の事故についても当てはまりそうだ。

6章

子育てコストとライフスタイル

中学、高校、大学へと成長するにつれ重くのしかかる教育費。先を見据えてあらかじめ準備をしておくことも大事だが、子育てのコストとリスクを一方的に家庭、個人に負わせない公共的な視点が求められている。お金がかかるから子どもを産めないという社会であっていいのだろうか。

◆オムツ代・教育費……成長につれ重荷

長引く不況で暮らし向きが悪くなっても、子どもにかけるコストはなかなか減らせない。教育費だけでなく、子どもの携帯電話代や大学の下宿代。次々とかさむ費用を捻出《ねんしゅつ》するため、母親が働きに出たり、家計をやりくりしたり……。「お金」を通して、子育ての今を見た。

「習い事に幼稚園、下の子のオムツ代だってばかにならない。こんなにかかるとは思わなかった」。小学3年生、幼稚園、2歳の3人の子どもを抱える大阪府和泉市の主婦昭子さん（34）（仮名）がこぼした。

それを聞いた中学2年生と小学5年生の男の子を育てる先輩母親の珠美さん（41）（仮名）は、手厳しい言葉を返した。「今が一番いらない時期よ」

内閣府が２００2年6月行った世論調査で、「子育てのつらさはどんなことか」を聞いたところ、「子どもの将来の教育にお金がかかる」（43・9％）、「小さい時にお金がかかる」（24・1％）など、子育てのコストに関することが上位を占めた。子育てにはどんなコストがかかるのか——。

こども未来財団が２００３年3月発表した「子育てコストに関する調査研究」は、就学前の乳幼児期にいくらかかるのかをはじき出した。０歳では、妊娠・出産費用として50万円、食費や医療費、ベビー用品、お祝い行事、保険などで別に50万円と計１００万円が必要となる。

１—2歳は成長が著しいことから衣類や家具、遊具などで年12万円前後が必要。3歳になると、それまで5、6万円で推移していた食費が8万円にはね上がり、4歳以降になると、幼稚園や保育園などの教育費が25万円を超えるなど、発達段階に応じていろんな費用がかかる。これで、１—６歳の通算は計３４０万円になる。

「出産は一時金が入るし、服や食費はやりくりできる」と話す珠美さんが、初めて子育てのコストに負担感を覚えたのは、長男の中学入学の時。指定された学生服は7万円。夫のスーツよりも高い。「成長期だから、どんどん大きくなる。3年間で何着いるのか。小学校は、ランドセルや体操服も（安い物を）選択できたのに」と頭が痛い。珠美さんは結婚の1年後、長男の出産を機に、会社を退職した。「育児休業制度」を導入する企業が出始めたころだが、夫婦とも帰宅するのが午後10時以降という日が頻繁にあり、子どもと一緒にいたいという決断に後悔はなかった。しかし、将来の教育費に不安もあり、長男が3歳の時に再就職した。

男女共同参画会議の調べでは、「女性の生涯の可処分所得（賃金から保険料や税金などを差し引いた額）」は、28歳で退職して専業主婦になった場合、約4700万円。31歳で再就職した場合（1億8200万円）や、働き続ける場合（2億1100万円）に比べ、大きな開きがある。

「今でも結構大変なのに」と嘆く昭子さんに珠美さんが言う。「これからが本番なのよ」。こども未来財団が行った別の調査では、公立の小中高を出て私立大学に入学した場合、教育費や生活費など子育てにかかるコストの総額は2400万円。その約6割（約1400万円）は高校以上の費用だ。

内閣府男女共同参画局参事官の市川正樹さんは指摘する。「全般に子どもにかける費用が増すなか、子育てコストの負担感は大きくなっている。結婚や出産を控え、女性は自らのライフスタイルを考える時、子育てにどれだけお金がかかるかも意識しておく必要があるのでは」

◆国の支援はわずか——親が一身に背負う

奈良県の専業主婦、祥子さん（52）（仮名）には、私立大学4年生と、国立大学の大学院生（前期）の2人の娘がいる。2人の教育費を払い続けるのもあと1年。ようやく、ゴールが見えてきた。

ここまで来るのは大変だった。2人が小学校高学年まではピアノなど2、3種類の習い事。その後、2人とも大阪市内の私立中学、高校と進学した。授業料は2人で月約10万円。塾や家庭教師、予備校などに月5万—10万円。夏期講習などにはさらにまとまったお金が必要だった。祥子さん自身、塾や習い事を経験し、「子どもにお金をかけて当たり前」という環境で育ち、娘にもできるだけのことをしたいと思った。医学部に進学したかった夫にとっては、将来医師になってほしいとの期待もあった。大学の授業料は2人で年約140万円。それに他府県までの交通費もある。夫は公務員。年収は手取りで約600万円。マンションのローンも抱えている。「夫の実家からの援助がなければ、娘たちにこれだけの教育は受けさせられなかった」と祥子さんは振り返る。

娘たちは医師以外の道を選んだ。不況で就職難の時代。就職活動を始めた娘に、「あなたが行きたい所へ勤めればいいよ」と言ったら、「それ、本当（本心）じゃないでしょ」と返ってきた。「いい学校、いい会社が幸せじゃないと、わかっている。でも、これまでかけてきたお金に見合うだけの進路をつかんでほしい。そう思う気持ちが、どこかにあるのでしょうか」

一方、大阪府内のパート職員、瑞穂さん（40）（仮名）は、公立高校1年生の長男（15）を頭に、公立中学1年生の二男（12）、公立小学校3年生の三男（8）、公立保育所に入っている長女（1）の4人を育てる。長男は高校受験前の2か月間だけ塾に行った。計5万円。地元サッカークラブには2人が入り、1人はピアノを習っている。それに通信学習などを合わせても、4人で月2万4000円。学校にかかるのは上3人で月1万9000円。それより、長女の保育料月5万円の方がかさむ。公務員の夫の年収は約600万円（手取り）。それに瑞穂さんの給与を合わせ、年約780万円。しかし、子どもが小さい時には、「働かない方がお金がかからない」こともあった。瑞穂さんが働いているため、4人とも0歳から保育所を利用した。上の2人が同時に通園していた時は、1人が半額になったが月約7万円かかり、子どもの病気で仕事を休んだ月は瑞穂さんの収入とほとんど同額だった。

「家計のことだけを考えると、当時の私の働き方はマイナス。でも、そのためだけに働いていたのではないし」

子どもたちの教育費がかさむのはこれから。満期で約３００万円になる学資保険を４人にかけている。４人で年60万円の出費は痛いが、大学に進学したい子にはそれを充てるつもりだ。「私立の医学部に進学したいと言ったらどうしようと思うことはある。でも、そこまでなぜ、親が背負わなければいけないのかとも思う。お金がないと大学に行けないなんて」

わが国の子育て家庭がかける教育費は先進国の中でも高額だ。それに対して、児童手当が支給されるのは小学校入学までで（児童手当の額は当時のもの、２００６年４月から支給年齢が小学校６年生まで拡大された）、額も月５０００円（第３子から１万円）。所得制限もある。学校教育を継続する場合は、20歳でも支給されるベルギーやスウェーデンなどと比べると、見劣りする。親が一身に、子育てのコストを背負っているのが日本の現状なのだ。

◆「希望かなえたい」——月謝、家計を圧迫

壁にはカラフルな英語のポスター。知育がん具や絵本が並ぶ。外国の幼稚園のような教室で、5人ほどの子どもたちが跳びはねながら外国人講師の語りかけに、英語で答えている。その様子を、ガラス越しに見守る母親たち。

大阪市天王寺区の繁華街にある「ECCキッズ・イングリッシュワールド天王寺校」。机はなく、子どもたちは、時々、床に寝転がりながら英会話を楽しんでいる。「緊張感がなく楽しめそうな雰囲気だった」。近くに住む美佳さん(29)(仮名)は週1回、幼稚園の後に娘(5)を連れて来る。同じ幼稚園の母親3人と一緒。別に習わせているピアノとあわせ、月2万円近い月謝は負担が大きい。数か月前から5年ぶりに働き始めた。「私も小さいころから習い事漬け」という美佳さん。「無理強いはしないけれど、小学校に入った時、娘だけやっていないことがあったらかわいそう。親としてはできるだけ多くの体験をさせたい」。美佳さんは娘の発音の上達ぶりに笑顔を見せた。同校に通う中学生以下600人のうち170人が小学校就学前の子どもだ。中学生以下の新規受講問い合わせの約4割が就学前幼児の親からというECCでは、今春から受講年齢を1歳半にまで下げた。最大手の英会話学校・NOVAの「NOVA KIDS」(3歳から12歳)には全国で約2万人が通い、半数を就学前の幼児が占める。3年前の約4倍。語学教室業界では数年前から、幼児の生徒獲得競争が激化している。

ベネッセ教育総研(東京)の調査によると、幼稚園から小学校低学年で習い事をしている子どもは、7

—8割に達している。小学校での英語教育導入もあり、英会話を習う子どもは1—6歳で10人に1人。習い事を始めた理由を聞くと、スイミングは「体力づくり」、音楽は「情操・音感育成」、英会話は「将来役立つ」と様々。しかし、いずれも「子どもの希望」が3—4割を占めていることから、同総研は「同じ習い事に、友達が行っているかどうかが影響している」と分析している。

大阪府八尾市の主婦（36）は3月、テニスの体験教室に参加した小学3年生の長女（8）に「やってみたい」とねだられた。すでに週2回の塾、スイミング、英会話、ピアノ。平日で習い事がないのは金曜日だけ。「行かせ過ぎかなとも思うんですが、子どもが興味を持って、行きたいって言われると……」。幼稚園に通う二女（5）もほとんど同じ習い事に通わせており、月謝だけで計5万円を超える。幼稚園の授業料や被服費などを加えると、夫の月収の半分近くを子どもに費やし、祖父母から月2万円補助してもらうのが頼りだ。「やめたいと言わないし、やめさせる理由もない」と言う。

野村証券が2001年に調べた高校生以下の子どもがいる世帯のエンジェル係数（教育費や食費、保険など子どものための支出が家計で占める割合）の平均は30・1％。「暮らし向きが悪くなっている」とした世帯が半数を超えたにもかかわらず、「子どものための支出を倹約する」と答えたのは0・5％に過ぎない。

経済ジャーナリストの荻原博子さんはアドバイスする。「何に支出するかは各家庭で価値観が違うと思うが、将来かかる教育費は幼児期に比べてケタ違い。家計の中でバランスを取ることが必要です」

◆上がる授業料——公費負担少なく

「やっと1人分の負担が減る」。大阪府豊中市の主婦、佳代子さん（48）（仮名）は今春、短大を卒業した長女（20）が就職し、ほっとひと息ついた。短大在学中の2年間にかかった入学金や授業料などの費用は350万円。しかし、私立大学に入学したばかりの長男（18）と、2年後に高校受験を迎える中学2年生の二男（14）が控えており、まだまだ教育費がかかる。

将来に備えて、3人とも生まれてすぐ官民の学資保険に加入し、月々約4万円の掛け金を支払ってきた。当時は金利がよく、還付される祝い金などで大学の入学金と授業料の一部はしのげた。だが、今後は会社員の夫（48）の収入だけでは厳しく、佳代子さんがパートで得た給与を使わずに蓄えている。「過大な期待をかけているわけではないけれど、子どもが教育を選択できる資金くらいは用意しておきたい」と、佳代子さんは思う。

子育てコストの大半を占める教育費は、義務教育後にぐんと負担が重くなる。国民生活金融公庫の2002年度の調査によると、国公私立含めて、高校入学から大学卒業までの費用は1人平均993万円。その捻出《ねんしゅつ》方法は「教育費以外の支出を削る」（70・2％）、「預貯金や保険などを切り崩す」（53・2％）——などだった。

また、各世帯の平均所得額が年々減少しているにもかかわらず、大学の授業料は上がっており、2002年度の国立大学の年間授業料は約50万円、私立大学は平均約80万円と、いずれも10年前より80％

も増えた。さらに、学資保険も金利の低下で支払総額が満期額を上回るケースがあり、必ずしも効果的ではない。家庭の負担感が増すわけだ。

日本ファイナンシャルプランナー協会理事の嶋敬介さんは、「社会変化が著しく、預貯金や財形貯蓄、保険など、リスクを分散させながら、生活とのバランスを考えた貯蓄を考えて」。

日本の進学率は先進国の中でも高い水準にある。高校進学率は97・3％、大学など高等教育機関へは49・4％（2002年）に上る。だが、国内総生産（GDP）に占める高等教育への公財政支出の比率はわずか0・5％。アメリカ（1・1％）やフランス（1・0％）など欧米諸国と比べて低い。「日本は学力の成長を家庭と企業の努力に頼り過ぎた」と東京大学大学院教育学研究科教授の矢野真和さん（教育経済学）は指摘する。「これからは社会状況に応じて、家庭の中でも親と子ども、そして政府と企業の4者が教育費をシェアする仕組みが必要です」

大学によっては、独自の奨学金制度や金融機関と提携した融資制度を設けている。オーストラリアでは、すべての学生が卒業後の所得に応じて授業料を後払いする制度があるなど、諸外国は教育の利益を受ける本人が費用を負担するという意識が強い。

嶋さんは話す。「旅行や外食、親の学習費など、家族の生活のゆとりを削って子どもの教育費につぎ込んでいいのか。親が一方的に決めず、子どもとともに考え、負担を分かち合うことも大切です」

◆「使う側」の心構え　親子で話し合い

大阪府四条畷市の私立なわて幼稚園。4年前から「買い物ごっこ」などを通して、お金の大切さを教えている。子どもたちは廃品を持ち寄り、ゲームや服などの〝模擬商品〟を作る。それを幼稚園が牛乳瓶のフタで作った硬貨と色画用紙の紙幣（硬貨2枚分）で買う。主任教諭の原知雅さんは「お金の感覚だけでなく、使う側の心を育てるのが大切です」と話す。

原さんは、子どもたちが「うちお金ないねん」としゃべっているのをよく耳にした。2年前、大阪府金融広報委員会の「金銭教育研究校」に選ばれたのを機に、改めて親が子どもの金銭感覚をどう認識しているかを調べようと、450人の園児の母親にアンケートした。80％の親が「（自分の子どもは）物を得るにはお金が必要と理解している」とし、53％が「家の収入がどこから得られているかをわかっている」と答えたものの、「欲しい物を我慢している」とした親は24％だった。実際、買い物ごっこでも、勝手に新聞紙で大量の紙幣を作ったり、初日にお金を使い切ってしまったりする子もいた。このため、親同士が話し合う場を作り、「親子でお金のことを話し合おう」という機運が高まった。2002年に行ったアンケートでは、「親の仕事に興味を持つ」「物を丁寧に扱う」「既製のおもちゃより工夫して遊びたがる」が半数を超えた。

野村証券が2001年、高校生以下の子どもがいる世帯を対象に行った調査によると、90・4％の家庭で「子どもにお金や経済の知識が必要」と考えているにもかかわらず、「子どもとお金の話を十分している」のは16・2％に過ぎず、学齢が上がるほど「不十分」とする率が高かった。

全国の小中学校を回り、子どもや親を対象にお金の「しつけ」と「知恵」を教えている経済ジャーナリストのいちのせかつみさんは、学校での金銭教育の必要性を強調する。ある母親は、小学生の息子に高価なキャラクターおもちゃをせがまれ、「そんなお金はない」と言うと、「キャッシングすれば」と返されたという。「安易に自己破産する若者が増えるなど、金銭感覚の欠如が社会問題化し、家庭教育だけでは追いつかない」。いちのせさんには、母親から多くの相談が寄せられている。〈子どもが財布からお金を抜き取った〉〈うちの懐具合を教えるべきでしょうか〉……。

「言葉だけで説明しようとしてもダメ。子どもに家計費分の現金を見せ、光熱費、食費など封筒ごとに分け、最後に余ったお金を『お小遣いはこれだけ』と差し出す。実感させることが大切なんです」

いちのせさんには中学3年生の息子と高校3年生の娘がいる。小遣いを与える時、生活態度や手伝い、学習努力などによって〝手当〟を明記した「明細書」を出し、子どもにはきちんと小遣い帳をつけさせている。さらに、どんなに仕事が忙しくても、毎月1回は、「金銭コミュニケーション会議」として、家族で小遣いの使い道を話し合うのだという。

いちのせさんは、はっきり言い切った。「いつトラブルに巻き込まれるか分からない時代。親も子もお金の管理ができないでは済まされない。親と子が向き合って互いの金銭感覚を磨くことこそ、子育てコストの負担感を和らげる近道です」

子育てコストとライフスタイル

（2003年5月10日@京都）

司会　頼近美津子さん（コンサートプランナー）
アグネス・チャンさん（歌手）
岩城敏之さん（キッズいわき・ぱふ代表）
荻原博子さん（経済ジャーナリスト）
橘木俊詔さん（京都大学教授）

いくらかかるの？

▼小学2年生と0歳の2人の子。長男は2年保育で私立幼稚園に通わせ、3歳から音楽と英語の教室へも。学資保険には加入していますが、家のローンがあり預貯金ができません。夫は無計画で節約に協力してくれず、子どもが大学に入ると考えると不安です。（40歳の主婦）

◆何を優先、考えて

荻原　大学卒業までにかかる費用は、子ども1人あたり平均2476万円といわれます。もちろんこれは平均値で、教育スタイルや住む地域によって変わります。小学校より中学校、そして高校、大学――と、どんどんお金がかかる。早くからたくさん習い事をさせたり、ブランド服を着せたりせずに、小さい時期は「貯《た》め時」と考えた方がいい。

橘木　人生で何を優先させたいかを考えてみれば、何にお金をかけるべきなのか答えは出ます。家計はひっ迫しても習い事をさせるのか。将来のために備えるか。どちらも必要なら、収入を増やすために夫婦でフルタイムで働くしかない。

子どもの習い事は、将来に期待する投資ではなく、楽しむ消費になっています。アメリカの経済学者が〈デモンストレーション効果〉というのを唱えました。隣人がドイツ製の車を買うと「うちも」と買ってしまう。習い事もそうでしょう。

頼近　はい、私の場合も世の中の流れに乗って、ピアノを習い始めました。ただ、それが今のコンサートプランナーの仕事に生かされています。与えないと育たないこともあるのではないでしょうか?

荻原　私も3歳から高校3年までピアノを習っていましたが、毎日練習し、日曜日もレッスンでつぶれていました。今は少しも役に立っていなくて、「時間を返して」と言いたくなります。人には向き、不向きがある。

司会　コンサートプランナー
頼近美津子さん

子どもが巣立とうとしている今、さみしさで胸がキュンとなります。お金で換算できないのが子育て。

本当にやりたいものを親がみて、集中してお金をかけてあげて。

アグネス　子どもにどんな可能性があるのかわからないうちは、親は全部試したくなるんですよね。でも、お金で子育ての質が上がるわけじゃない。

ピアノが好きかどうかは、おもちゃ屋さんに通ってピアノをひいてみればわかる。英語なら、テレビの番組を見せればいい。嫌な子はすぐに消します。お金のやりくりをして塾に行かせる前に、子どもとたっぷり付き合って、何が向いているのかをみてあげる時間が大切です。

岩城　子育てコストの何を優先させるのか。しっかりした人生観を持っていればできるでしょう。でも、お母さんたちは「自分みたいな親でいいんだろうか」と、不安でいっぱいなんです。不安がある限り、子育てのビジョンが持てない。みんなと同じであることに安心する。理想を求め過ぎず、失敗しながら子どもと一緒に生きていく覚悟がほしい。

荻原　学資保険についてよく相談されます。利回りが悪い今は、自分が払うお金の合計と、将来もらうお金の

歌手
アグネス・チャンさん

「お金がかかるから子どもが産めない」なんて思わないで。子どもと過ごす時間が何よりのぜいたく。

合計を比べてみて、損をしているようなら、入らない方がいい。隣の人が入っているから入るのではなく、自分でしっかり電卓をたたいて考えてください。

アグネス　大学の学費を心配していらっしゃいますが、18歳以降はもう大人。自分で責任を持つべきです。親が全部払うのはよくない。

荻原　アメリカでは奨学金で大学に行くのが当たり前。いい会社に就職しなければ、奨学金を返せないので、みんな必死で勉強する。子どもに至れり尽くせりするのが親ではありません。親には親の人生があるのですから、割り切れるところは割り切った方がいい。

もう一度働きたい

▼結婚、出産し、当然のように会社を辞めました。それから11年。3人の子どもと幸せな日々を送っていますが、再就職には遠い年齢に。一度主婦になると社会から取り残された気分です。年金など将来も保障されない世の中になりそうですが、社会復帰する場所や自信を取り戻すこともできません。（37歳の女性）

◆夫婦で対話、道開いて

アグネス　働くことは覚悟がいります。キャリアを築き、収入を維持、増やしたいのなら、夫に協力を求めて、保育所、友人、知人、祖父母など、子どもを託すネットワークを作り、あらゆる手立てを使って働き続けること。お金より社会との接点を持ちたいのなら、子どもが小さい時はペースダウンして、パートやフレックスタイムで働く。それも無理ならボランティアで社会経験を積む、自分で勉強するなど、いろんな形で社会参加できる。

荻原　私は子どもを生後4か月から保育所に預けました。だからこそ、一緒にいる時間は大切にした。人生は、選択。大切なものを残しつつ、仕方のないことには目をつむる、ということもしなくてはいけない。

橘木　お話はわかるが、お二人は「スーパーウーマン」なんです。ごく普通の人が「働きたい。子育てもしたい」と声をあげた時、社会では大変な制約があるのが現実。育児休業が取れるのは大企業など限られており、しかも男性の取得率は1％に満たない。これは、企業のコストの問題。今はコスト削減のため、中高年のリストラを進め、子育て世代の30歳代の男性をものすごく働かせています。その中で、休業中の所得保障、代替要員の確保などは負担だと敬遠される。復職時の待遇も保障されない。こうした状況を改善するためには、個々の努力も大切でしょうが、社会の支援が必要です。

頼近　「繁忙期には始発から終電までが当たり前という職場。折り合いがつけられず、復職後早々に退職した。パート就労も考えるが、保育料に全額消えるのではないかと思うと……」との相談もあります。

荻原　働いている、いないにかかわらず、子育ての負担は専ら母親が担っており、子育てと仕事のはざまで一人で悩んでしまう。その結果、パートタイム就労を選択した場合、質問にある通り最初は収入のほとんどが保育料に消える。自治体にもよりますが。

経済ジャーナリスト
荻原博子さん

現実問題として子育てにお金はかかる。心の準備をして、長いスケジュールの中で計画を立てて。

アグネス　そうなのだけど、続けた方が一生のことを考えると収入は多い。子どもの保育にお金がかかるのは6年。長いスパンで考えて。

頼近　退職を考える人の中には「夫は見習い修業中で、月収17万円。私は正職員で月収25万円。でも上の子の赤ちゃんがえりがひどく、今はそばにいてやりたい」とのお便りもあります。

橘木　働く、働かないは個人の自由。ただ、働かないでいると、離婚や夫の失業などのリスクが女性だけにかかってくる。そう考えると、働いている方がいい。ただし、日本のパートタイムの労働条件は極悪と言っていい。企業は夫がいれば社会保険料は負担せずに安く使える、とパートを軽んじている。理想的には、1時間あたりの賃金をパートもフルタイムも一緒にし、格差をなくさなければならない。

岩城　結婚、出産で女性の生活はがらりと変わるのに、夫は独身時代と同じように遊び、仕事もしている。それはすごいストレス。子育てを含め、いろんなことが夫婦間の話し合いで決まっていけば、負担も軽減されるのでしょう。

お小遣い、どうすればいいか

▼小学5年生の娘にまだ決まったお小遣いをあげていません。いつからどんな形で渡すのがいいのか。（39歳の母親）

▼小学1年生の息子の友達は小遣いをもらっていて、遊ぶ時にお菓子やジュースを買っています。わが子にはまだ小遣いを渡したくないのですが、一人だけ何も買えないのもふびんで悩みます。（33歳の母親）

キッズいわき・ぱふ
代表
岩城敏之さん

自由を使いこなす訓練をし、責任が取れる範囲を見定めて「お前らしく人生を歩きなさい」と言いたい。

◆自分で決めさせ役割も

アグネス　うちは小学生の間は小遣いをあげていません。幼稚園の時から高校入学まで、毎年、お金で買えるモノ、買えないモノのリストを出させるんです。そうすると、本当に大切なモノはお金で買えないことがわかってくる。

岩城　うちもお金に関しては厳しく、余り与えないのですが、友達におごってもらうという〝事件〟が起きるんです。わが家のルールと他の家のルールがぶつかりあった時には、頭ごなしにしからずに、自分が大切にしたいことをきちんと伝えないといけません。息子は高校生になった時に携帯電話を欲しがりました。話し合いのうえ、「学校には持っていかない」というわが家のルールを守る約束で、彼は携帯を手に入れました。

荻原　子どもが5年生の時に自分から小遣いが欲しいと言いだしました。クラスの子に金額や使い方をアンケートさせて、「自分はこれぐらい」と、自身に決めさせ、同時に家族の一員としての役割も与え、洗濯をするのが仕事になりました。

アグネス　私は自分でお金を稼げない時には、使わないという基本は守りたい。家の中の仕事については当たり前なので、報酬は渡しません。話し合うことは大切です。お金は使うものであって、使わされるものではありません。

岩城　苦労して貯めなくても、先にお金が借りられる楽な社会になってしまった。だからこそ、親が人工的に頭や体を使う仕組みを作る必要があります。苦労して欲しいものや幸せを手に入れる方法を小さいうちに学べるのがお小遣いだと思います。

頼近　会場で、お金の話を子どもにしていらっしゃる方は？

会場から　小学3年生と幼稚園の子がいます。何か買う時には、「お父さんとお母さんが働いているから買えるんだよ。だから大切なんだよ」と言い聞かせています。おじいちゃんとおばあちゃんから何かもらった時には、「長い間働いてきたご褒美のお金（年金のこと）で買ってくれているんだよ」と話しています。

荻原　家を建てた時、材料を一つひとつ自分たちで発注しました。材木や塗料の値段などをすべて子どもに示して一緒に考えたんです。日本では子どもにお金の話をするのがまだまだタブー視されていて、社会に出てからいきなり問題にさらされる。小さい時から、お金の苦労を教えてほしい。

親はどこまで負担

▼短大から小学校3年生まで4人の子どもがおり、私が自由に出来るお金など全くない。老後が心配です。（43歳の女性）

▼小学3年生と幼稚園の子どもの学費も心配だが、老後

京都大学教授
橘木俊詔さん

子どもを「私的財」ではなく「公共財」と考え、社会が子育てコストを負担するべきです。

も気になりだしている。これから税金も社会保険料も上がり、手取り収入は減るのに不安は膨らむ一方です。
（39歳の女性）

◆米と欧どちら型？

橋木　日本はこれまで、子育ても介護も家族と大企業が担ってきました。しかし、核家族化、少子化が進み、お便りにあるように家族だけでは担い切れなくなっている。子どもの教育費に対する公的な支出は先進国で最低。親が担っているのです。では、どうするか。すべてのことを個人でやり、責任をとるアメリカ型自立主義を目指すのか、子どもは社会の財産と考え、公的保障を充実させるヨーロッパ型を目指すのか。教育費のことを言えば、英仏独の国立大学の授業料はゼロですよ。

アグネス　私たちにはアメリカ型の精神的な強さが求められる。「支援がないなら自分たちで作る。わが子はどんなことがあっても守り、夢はかなえてやる」と。日本は経済大国。子どもを3人産んで、育てられない国じゃない。もちろん、国に対しては「（ヨーロッパ型）福祉国家を目指して」と訴えればいいと思う。

荻原　日本は地域コミュニティーがまだ充実しています。専業主婦はその支え手。もう一度地域の活力を取り戻すことも考えたい。

橋木　いずれにせよ、日本の社会は選択を迫られています。私は、国が公的なお金をかけていろんな政策で子育てを支援する必要があると考える。そのためには、「子どもはみんなで、社会で育てるものだ」との合意が必要なのです。

7章

本の楽しみ・好奇心の芽

表現力や創造力、思いやり……。生きていくのに必要な様々な力を与えてくれるのが本だ。子どもの成長に本は欠かせない。子どもが得意なこと、好きなことを見つけて、伸ばしてやりたいと思うのも親。「知りたい」「やりたい」といった子どもの好奇心はどう育っていくのだろうか。

◆健診時の絵本読み聞かせ――〝語りかけ〟の楽しさ

2004年8月初め、鳥取市保健センターで行われた生後6か月の乳児健診。健診に訪れた赤ちゃんと母親が初めに案内されたのは、マットが敷かれた小部屋だった。「少しの間、赤ちゃんと楽しい時間を過ごしましょうね」。ボランティアの女性が絵本を読み始めた。

「ねこさんが、いないいないばあ」「きつねさんが、いないいないばあ」。語りかけるような優しい口調で、絵本を一人ひとりの顔に近づけながら読む。赤ちゃんは母親のひざの上でにっこり笑ったり、手足を

ばたばたさせたり。そんな赤ちゃんの様子に母親たちからも思わず笑顔がこぼれる。三男の亮太ちゃんを連れてきた寺谷和子さん（36）は「こんなに小さくてもわかるんですね。長男と二男にはあまり絵本を読んであげなかったけど、これからはたくさん読んでやりたい」。

＊

鳥取市は2003年4月から、6か月の乳児健診時に、『くだもの』など2冊の絵本と0歳―2歳児向けの絵本リストなどを贈り、ボランティアによる読み聞かせを親子で楽しむブックスタートを導入した。ボランティアの奥村暁美さん（53）は話す。「絵本を読んであげるとじーっと絵を見つめている。赤ちゃんとの信頼関係があるのを実感します」

ブックスタートは「絵本を通じて赤ちゃんとかけがえのない時間を」と1992年、イギリスで始まった運動だ。日本では2001年から取り入れられ、2006年8月末、全国の584市区町村で0歳児の健診時などに実施されている。健診時を利用するのは、絵本に関心のある人もない人も手にする機会が得られるからだ。健診には、母親の心の健康を支援する側面も求められている。相談相手も助けを求める相手もおらず、孤独な子育てをしている母親は少なくなく、「赤ちゃんに何を話しかけていいかわからない」と不安を訴える声も聞かれる。

「絵本が親子の触れ合いをもたらし、スキンシップの時間を自然に持つことができるようになります」とNPO法人ブックスタート（東京）理事・総合企画の佐藤いづみさん（29）。保健所だけでなく、図書館司書やボランティアもかかわっており、「地域で子育てを応援しているというメッセージを送ることもできます」。

*

イギリスの提唱者によると、ブックスタートは読書支援の運動ではないという。本を開いたことによる親子の時間や心地よさを楽しむためのもので、語りかけやわらべうたに近い。

NPO法人ブックスタートが選んで勧めているのは、言葉のリズム感がよいものや、2ページずつで展開していくものなど、語りかけるように読める絵本が多い。赤ちゃんが目を合わせやすいよう、人や動物が正面を向いて描かれた絵本も目立つ。

鳴門教育大学教授の佐々木宏子さんは言う。「ブックスタートだけでなく、わらべうたスタート、おもちゃスタートなどいろいろなスタートがあって同時に広げていくのが子育て。一緒に読んだり、遊んだりすることで親子のコミュニケーションの回路が作られていく。本当に必要なのは直接の語りかけ。でも、それが難しい場合、絵本は大きな助けになります」

◆親のペースに巻き込まず――肩寄せるなど一緒に

熊本市のフリーナレーターこがみほさん（34）は9歳、7歳、5歳の3人の男の子の母。長男が3、4歳のころ、子育てと家事に忙しく、絵本を読み聞かせる余裕がなかった。それどころか、「読んで」とせがまれないよう絵本を隠したことさえあった。

少し余裕ができた時、ナレーションの技術を駆使して読んではみたものの、勝手にページをめくったり、ほかの遊びを始めたりと興味を示さない。少し言葉の遅い長男に、「教材として」読んでいたことに気づいた。それからは、家事の途中でも求められれば絵本を読むようにした。子どもが読むのを遮ってストーリーと関係のない話をしても「そうだね」と相づちを打った。同じ本ばかりでも嫌がらずに読んだ。

今では、長男も弟たちと一緒に読み聞かせを楽しみ、「お母さん読んで」と絵本を持ってくるようになった。そんな自分の体験を本『おはなし上手』（幻冬舎）にまとめたこがさんは言う。「親のペースに巻き込もうとせず、子どもが何に興味を持っているのかに注目すれば、絵本の楽しみも広がります」

＊

読み聞かせへの関心が高まっている。義務感でしなければと思っている親も少なくないが、絵本は楽しいものだと知ってもらうのが本来のねらいだ。

幼稚園や保健所、小学校などで年間約300回、絵本の読み聞かせの出前講座を開いているほるぷフォーラム（福岡）大阪代表の森ゆり子さんは「親子で絵本の時間を共有することで、愛情が伝わります」。

抱っこしたり肩を寄せ合ったりしながら、親も一緒に楽しんでいる表情が見える位置で読むのがポイントだ。

森さんがいつも、子どもが大好きな本として紹介するのが「ちびごりらのちびちび」。「大好き」という言葉が繰り返され、子どもは自分が「大好き」と言われているように思え、幸せな気分になれるという。4、5歳になると、誕生日ケーキのろうそくを数え、文章にはないゴリラの年齢を読み取るというような、成長に応じた楽しみがあるのもお薦めの理由だ。

読み聞かせは一般的に10歳までと言われている。言葉のとらえ方が感覚的なものから、論理的なものに変わるからだという。「でも、年齢にこだわらずに読んであげてほしい。お父さん、お母さんが自分と向き合ってくれる。それが子どもにとってうれしいことなのです」と森さんは話す。

＊

神戸市須磨区の米田真名子ちゃん（7）は4歳の時、家族と離れて参加するキャンプに「絶対行かない」と言い出した。困った母の郁子さん（44）は、3歳の時に初めて読み聞かせた絵本『はじめてのキャンプ』を表紙が見えるよう本棚に並べた。

「わあ、これこれ、読んでほしかったんだ」と真名子ちゃん。幼い主人公がキャンプに参加し、夜中に一人でトイレに行ったりしながら自信をつけるという物語。早速、読んで寝かしつけると、翌朝、「お母さん、寂しい？　すぐ帰って来るからね」。

郁子さんは真名子ちゃんが1歳のころから毎晩、寝る前に絵本を読んでいる。小学2年生の今年になってから一度だけ、「今日は自分で読むからいいよ」と言われたことがある。でも、真名子ちゃんが「もういい」と言い出すまで続けようと思っている。

◆子どもに配慮、行き届いた私立図書館

高知市の武内香帆ちゃん（7）は5年前から、母親の泉さん（30）と2週間に1回、図書館に通っている。必ず5冊借りては返し、また5冊借りる。すっかり習慣になっているという。それまでは、泉さんがあまり本好きでないこともあって図書館には連れて行ったことがなかった。子連れでは立ち寄りにくいという思いもあった。今は妹の桃子ちゃん（3）も一緒だ。

武内さん親子が通うのは、NPO法人高知こどもの図書館。1999年12月に子ども向けの私立図書館としてオープンした。書架は1メートル前後と低めで、絵本は表紙を前に向けて並べるなど、子どもがじっくりと好きな本を選べるようになっている。蔵書は約2万4000冊で、読み物が中心だ。「子どもが本を好きになるには、好きな1冊に出合えるかどうかです」と館長の大原寿美さん（59）。わくわくするおもしろい本をそろえたという。3人の常勤スタッフは本が大好き。公立図書館のように、異動がないので同じメンバーが温かく子どもを出迎え、本探しの相談に応じることができる。

2階には、本を借りたり、読んだりしなくても過ごせるフリースペースがあり、「2階に行くのが楽しみ」という子どもも多い。小学生がお母さんに紙芝居を読んでもらっているのを見かけることも少なくない。学習スペースはないが、中、高校生が「小さい子どもの声が好き。一緒に本を読めるのが楽しい」と訪れたりする。

広島県本郷町のほんごう子ども図書館は、家庭文庫や読み聞かせのボランティアらが運営している。絵本を中心に7000冊がそろっており、乳児から小学生まで1日平均50人が利用する。「絵本が充実しているから」と隣接する三原市から訪れる親子も。スタッフは子育てのベテランばかり。「どんな絵本を選べばいいの」という相談はもちろん、子育ての悩みを打ち明けられることもある。両親が共働きの小学生が、学校帰りに立ち寄り、閉館時間まで過ごしているという。

＊

こうした私立図書館だけでなく、公立図書館でも小さい子どもが利用しやすいような取り組みが始まっている。大阪府立中央図書館では、5年前から、0歳―2歳の乳幼児を対象としたおはなし会を開催している。担当者は「小学生、特に高学年の利用が減っている。小さいころから親子で足を運んでもらい、図書館を身近に感じて本に対する関心を高めてもらえれば」。

私立の子ども図書館のさきがけで、開館30年の東京子ども図書館理事長の松岡享子さんは言う。「子どもが本を好きになるには、本の楽しさを教えてくれる〝水先案内人〟の存在が大事。図書館に親しむことで司書やボランティアらに、『こんな本が読みたい』とか、『この本読んで』と気軽に頼めるようになれば、子どもはきっと本の世界を広げていけるはずです」

◆ トークや遊び取り入れ、親しみ

「子どもを本好きにしたい」。ブックスタートや読み聞かせなど、乳幼児を対象にした取り組みは、急速に広がっている。しかし、小中学生になると、大人がかかわることがめっきり減ってしまう。本当の本の世界を知るのはこのころから。そんな子どもたちも対象にした活動がある。

＊

京都府長岡京市の市立図書館で、「ブックトーク」と呼ばれる取り組みが始まって17年になる。一つのテーマに沿って複数の本を紹介するものだ。8月の会のテーマは「数のひみつ」。指導役の北畑博子さんが「5」「43」「1999」などと書かれた表を見せ、リクエストに応じ、その数字に関する本を紹介していく。5人兄弟の末っ子が活躍する童話、日本のカエル43種類を紹介する写真集……。

単なる説明ではなく、一番面白そうな〝さわり〟の部分を聞かせる。「次はどうなるんだろう」「どんな内容かな」。子どもたちは真剣な表情だ。京都市西京区の小学5年生伊藤早季子さん（10）は「ぜひ読んでみたい」と話し、母親の美也子さん（39）は「本の〝うまみ〟を凝縮しているようですね」。

小中学生を対象にしたブックトークは、学校や図書館で広がっている。複数の著書があり、全国で活動する北畑さんは〈本の世界〉の広がりを感じてもらおうと、物語性のある本に加え、科学本や写真集、詩集などを取り上げ、古典や定番の児童書はなるべく避けるようにしている。「今の子どもの感性に合った本を紹介したい」からだ。

現代の子どもたちはネットやビデオなど多数の情報に囲まれているが、「本だと自分のペースで読み、考えることができます」と北畑さん。保護者に対しては、実際にその本を読み、面白く感じた〝さわり〟を子どもに聞かせることを勧めている。「読みたい、という子どもの気持ちを育ててほしい」

＊

遊びのスタイルを通じて本に親しむ活動もある。「読書へのアニマシオン」は子どもの本離れを防ごうと1970年代にスペインで開発され、90年代から日本に導入された。アニマシオンとは「活性化」「躍動」の意味。

20人までのグループで1冊の本を扱う。カードでばらばらになった物語の順番を元に戻す、指導者がわざと間違えて読んだ部分を指摘する……。単に正解を求めるのではなく、あくまで読書の楽しさを知るのが目的だ。アニマシオン勉強会主宰の黒木秀子さん（千葉市）は「遊びの形を取ることで、本を読めない子も巻き込めます」と話す。小学校高学年や中学生ら思春期の子どもを対象にしたものでは、元の書名以外のタイトルを考えたり、登場人物になって互いの行動について質問し合ったりするものもある。本を読み込み、じっくり考えるためだ。子どもが本好き、というだけで親は安心しがち。しかし、「本を通じて自分の考えを深める、という大切な要素も忘れないで」と黒木さんは強調する。

読書教育などの活動を行うＮＰＯ法人「図書館の学校」（東京）常務理事の佐藤凉子さんは指摘する。「人生に影響を与える〈本当の読書〉は、大人への第一歩を踏み出す思春期に始まる。岐路に迷った時の助けとなるような本に出合う機会を増やすべきです」

◆将来の土台ができれば……

「Are you happy?（幸せですか）」「Yes（はい）」

「Are you cold?（寒いですか）」「No（いいえ）」

「How old are you?（何歳ですか）」「I'm three（3歳です）」

外国人スタッフの問いかけに、子どもたちから素早く声が上がる。大阪府泉佐野市の保育園「スマイルキッズ」は、すべての保育を英語で行う保育園だ。

9人のスタッフのうち、4人は米国出身などの外国人。1歳から就学前までの約40人が週3～5日通うほか、「アフタースクール」と呼ぶ午後からのクラスには、幼稚園児や小学生ら約30人が参加する。保育料は、3歳児で週5日、午前8時から午後6時まで預けると、月に5万7500円。市外や和歌山県から送迎する親もおり、入園待ちの子どもが数人いる。

同市の東平三四朗君（6）は、2歳4か月から通い始めた。現在は公立保育所に通っているが、英語を使う機会を失いたくないと、週3日、「アフタースクール」にやってくる。「英語の買い物ごっことか、旅行の計画を立てる遊びが好き。おもしろいよ」と三四朗君。英語の絵本を音読し、中学3年で習う現在完了の疑問文にも、即答する。母の貴子さんは当初、「同じ預かってもらうなら、少しでも英語に触れられる方がいいかな」と、軽い気持ちで保育園を利用し始めた。しかし、三四朗君がスタッフとのやりとりやレッスンを楽しむ様子に、「この子が大人になったころには、今以上に職場で英語が使えなければいけない時代になると思う。そのための土台ができれば、と思います」と期待する。

園長の上岡ひとみさんは「外国かぶれの子どもにするつもりはありません。自分の気持ちを英語できっちり伝えられる子どもを、育てたいのです」。入園待ちをなくし、より環境の整った場で保育するために、場所を移して規模も拡大する計画も進めている。

＊

第一生命経済研究所ライフデザイン研究本部が2005年1月、6—18歳の子を持つ親を対象に行った塾や習い事に関する調査によると、小学校低学年の習い事では、「英会話」が「水泳」「ピアノなど楽器」に次いで3位だった。

家庭で、親が子どもに英語で話しかけるなどする「英語子育て」を試す親や、英語で保育をするベビーシッターも珍しくなくなった。英語を話さない日本人の親が、子どもをインターナショナルスクールに入学させるケースも目立つ。主に小学生を対象にした児童英検は、スタートした1994年に6万人余りだった受験者数が、2004年は約7万3000人に増加。2005年6月の受験者の平均年齢は9歳。

「自分のように英語で苦労させたくない」「英語と日本語の2か国語を自由に操れるように育てたい」。幼い子を持つ親の関心は、過熱する一方だ。英語学習を始める年齢や方法、その効果については、専門家の間でもまだ、意見が分かれているのだが……。

将棋、体操……幼稚園が時間外に教室

大阪市港区の小学2年生香西笙君《しん》（8）、幼稚園児陸君（6）兄弟は、サッカー、将棋、体操の三つの習い事に通っている。教室はいずれも、笙君が卒園し、陸君が現在も通う、南港さくら幼稚園（同市住之江区）で開かれている。日々の保育が終わった後、園が希望者を対象に「課外活動」として開く教室だ。

「課外活動には、力を入れています」と園長の籠池《かごいけ》靖憲さん。1982年の創立直後に体操からスタートした課外活動は徐々に増え、現在は造形、英語、そろばんなど計13種類。中には、バレエのように保護者の希望で開いたものもある。すべて、ふだんの保育時間内でも教えているもので、講師が、外部から招いた各分野の〝専門家〟であることも、保育時間内と同じだ。週1回程度の開講で、月謝は3000～5000円強程度。卒園しても続けて通える。籠池さんは「子どものふだんの様子を知っている先生のもとで、さらにステップアップして学ぶことができます」と説明する。

課外活動を通して、子どもの新たな一面に気づく親も多い。笙君と陸君の母久美子さんもそうだった。三つの習い事はどれも、本人たちの希望で決めた。「2人とも体を動かすのは好きだと思っていたけど、将棋を習いたいと言った時は驚きました。うちはだれも将棋をしないのに」

子どもが好きなことでなければ身につかない、ということも痛感した。2人を自宅近くの空手教室に通わせたが、どちらも続かなかった。陸君が、将棋の練習と重なる土曜日を気にして「将棋に専念したい」と言い出し、その後、笙君も将棋を選んだ。

将棋を習ううちに興味がさらに増したようで、兄弟は週末ごとに、関西将棋会館（同市福島区）に出かけて腕を磨き、大会に出場するほど夢中になっている。「将棋のおかげで、正座をして人の話を集中して聞く習慣もつきました。習い事の教室を新たに探すのは大変だけど、幼稚園で友達と一緒に習えるので、子どもも気楽に取り組めるようです」と久美子さんは話す。

＊

幼稚園の課外活動は充実する傾向にある。全日本私立幼稚園連合会によると、課外活動は１９６５年ごろすでに、各地で行われていた。かつては書道などが定番で、次いでスイミングや体操教室が登場。最近は、英語やサッカーが人気のメニューになりつつある。

園と提携して課外活動を支援する会社も増えている。絵画造形、体育など4コースのこども教室を開く河合楽器は現在、全国の約３６００園で教室を展開。「少子化社会だからこそ、子どもに習い事をさせる傾向は強まっている。園にとっては、生き残りをかけて、特色作りのために課外活動を設ける場合も多い。今後はさらに増える」とにらむ。

教養、学力、体力、創造力……。課外活動の充実は、子どもに、いろんな可能性を見いだしたい、と考える親の思いを映しているようだ。

◆観劇、コンサート……大人以上に感動も

テレビ、ビデオ、ゲーム機、パソコン……。幼い子の周囲にも、直接見たり、手で触れたりできない

「虚」の世界の楽しみは広がる。だからこそ、生の芸術に触れさせたい、と考える人もいる。

　奈良県大和高田市の中学1年生西川好志君（13）と、弟の小学5年生文志郎君（11）は、就学前から音楽や芝居を頻繁に鑑賞してきた。きっかけは、市文化会館さざんかホールで催しの企画、運営を担当する母の志乃さんが、仕事で留守がちだったこと。子どもたちは芸術好きな祖母と一緒に、券を買って客席に座るようになった。最初は拍手の時にだけ目を覚ますような状態だったが、好志君は、高学年になったころから、鑑賞を心待ちにするようになった。落語、ミュージカル、オーケストラやピアノの演奏。今は、他のホールでの公演を含め「行けるものは全部、行きたい」と好志君。流行歌とクラシック音楽を、同じように楽しむ。

　券代で出費がかさむが、志乃さんは「文化は心の栄養」と割り切る。終演後、アンケート用紙に感想を書き込むようになった好志君の様子に「感動を表現したい、と思うようになったみたい。少し成長したかな」と感じている。

*

　幼児連れの芸術鑑賞には、子ども連れで楽しめる機会を利用する方法もある。同市職員の田中弘美さんは、保育園児の長男、春成君（5）と一緒に、年に4、5回程度、劇やコンサートを楽しむ。NPO法人「奈良親と子の劇場」の会員で、会が催す公演を中心に出かける。

　狂言や有名バレエ団の舞台など、「本物」に触れられ、大人も子どもも楽しめる内容に満足している。バレエ「クルミ割り人形」を見に行った時は、遅刻して最初の幕あいまで席につけなかった。最初、「帰る」とぐずった春成君も、舞台の美しさに「舞台がピカピカしてる」と話した。「私も一緒に楽しみたいので、情操教育などというつもりはありません。でも、観劇のマナーも教えてもらえるし、生の芸術の良さを味わう環境を与えるのもいいかな」と弘美さんは話す。

ＮＰＯ法人「子どもＮＰＯ・子ども劇場全国センター」によると、舞台鑑賞や表現活動などの体験ができる場を作っている全国の「子ども劇場」や「おやこ劇場」は現在、約６００。子どもの生の体験を大切にしようと１９６６年に福岡で始まった活動が各地に広がり、バブル期には約８００に増えたが、その後、減っている。不景気の逆風に加え、生の芸術から感動を得た体験が乏しい世代が親になってきたからでは、と推察される。

＊

ピアニストの仲道郁代さんは、幼児も入場できるコンサートを開くことがある。子どもたちから「雷が鳴っているようだった」「お星さまがきらきらしているみたいだった」といった感想を聞くと、子どもは大人以上にいろんなことを感じる、と実感する。

「家でも音楽は聴けますが、ホールに来て、響きに包まれる独特の感覚を味わってほしい。幼い時の体験が種になり、大人になった時に、生活の中に音楽の楽しみが生まれるのではないでしょうか」。子どもへの「種まき」を考える前に、親がまず、自分にどんな種があるかを、振り返ってみるべきなのかもしれない。

◆体験の積み重ねが継続の支え

大阪市城東区の小学3年生森さくらさん（9）は、幼稚園時代から毎年、卓球の全日本ジュニア選手権に出場している。2004年、小学2年生以下の部で初優勝した。

コーチは会社員の父春夫さん。毎日午後8時から2時間、自宅近くの練習場で、中学1年生の兄聡詩《さとし》君（12）と一緒に練習し、土曜日は伊丹卓球協会（兵庫県）が開く教室で、3時間半球を打つ。父にしかられては泣き、試合で負けては涙を流す。「やめたいと思ったこと？　何回もある」。春夫さんは月4万円かけて日々の練習場を確保し、仕事の後に毎晩、子どもたちと打ち合う。「この子らが音をあげないのに、私が音をあげるわけにはいきません」。聡詩君、さくらさんともに、将来の夢は卓球選手だ。

伊丹卓球協会の教室には、幼児から高校生まで約60人が通う。さくらさんが昨年、全国優勝した後、幼児の入会が増えた。決まりがあるわけではないが、年上の子が小さな子を教え、面倒をみる。副会長の荒木澄子さんは「みんな、そうしてもらった経験があるから、年下の子をかわいがります。最近の子には少なくなった『縦のつながり』があります」。

＊

「靴を引きずって歩かない、走らない。芝生を大切にすると約束できる人だけ、グリーンに上がってください」。講師の注意を聞いて、子どもたちがそっと足を踏み出した。

大阪府高槻市のゴルフ場で、初心者の小中学生を対象にしたゴルフ教室が開かれた。子どもには縁遠い競技というイメージが強かったゴルフだが、若手女子プロの活躍などで、人気が高まっている。

教室を開いたのは、NPO法人日本ジュニアゴルフ協会（大阪）。全国各地で開いており、毎年約230人が参加する。専務理事の林武大《たけひろ》さんは「歩いて、打って、というプレーをするゴルフは、親子で楽しめる生涯スポーツ。おもしろさをもっと多くの人に知ってもらいたい」と話す。

同府茨木市の小学4年生大五《だいご》亮太君（9）は、同2年生の弟直人君（7）と一緒に参加した。月に1度のゴルフ教室に通い始めたばかり。クラブなどの道具は、兄弟で貯金を出し合って買った。兄弟は3歳から水泳クラブに入っているほか、アテネ五輪での日本勢の活躍に影響されて、柔道教室にも週2回、通うようになった。水泳クラブでは最近、先に進級した友人たちが、次々にやめて学習塾に通い出した。柔道の試合で負けても、2人は「相手、強かったわ。すごい練習してるんやろなあ」と感心するばかり。

母佐知子さんは「水泳はマイペースで楽しんでいるし、ゴルフは夫と練習場に出かけ、タイガー・ウッズ選手の話などをしているようです。柔道では、あいさつなどの礼儀も教えてもらえる。いろんな人とつながりができることが、スポーツの一番の財産だと思っています」と見守る。

*

体力的につらく、苦しいことも多いスポーツ。しかし、どんなレベルでも、上達の喜びや、仲間との交流がある。子どもの「運動を続けたい」という気持ちを支えるのは結局、スポーツ体験の積み重ね以外にないようだ。

◆子どもの興味大切に

「初めての知育」「遊びながら学ぼう」――。陳列棚のおもちゃの箱に、〈知育〉をうたった文字が並ぶ。玩具《がんぐ》・子ども用品専門店「トイザらス都島店」（大阪市都島区）では6月から、知能の発達を高めるといわれる「知育玩具」の専門コーナーを開設した。積み木やブロックのほか、英語や音楽に親しむための電子玩具、ビデオ、木製の輸入玩具など約400種類を取り扱っている。

近くに住む会社員竹内良恵さん(32)はあれこれ見比べた。長女聡葉《さとは》ちゃん(4)のおもちゃを選びに来たが、知育玩具を買うのは初めてだ。テレビにキーボードを接続して数字や言葉を打ち込んだり、本物のパソコンを使ったりして遊ぶ同い年のお友達もいる。「つい比べてしまいがちだけど、パソコンを使わせるには少し早すぎる気がして」。結局、絵本が大好きな聡葉ちゃんのために、絵本のようになったソフトをペンでタッチする電子玩具を購入した。音声や音楽が流れる仕組みで、「あいうえお」から算数、理科、英語が学べる。「小学校に入るまで長く使えそう。楽しみながら学んでいってほしい」

「パソコン型などハイテク商品が最近の主流です」と店長の田上孝幸さん。「将来、役立つだろうという理由で選ぶ人が増えている」という。対象年齢のやや高いものを買う傾向もあり、「賢く育ってほしい」という親の願いが反映しているようだ。

乳児に対する知育の関心も高い。「1歳児には何がいいの?」「赤ちゃん向けで一番売れているのは」という問い合わせがあり、週末には乳母車を押した両親が祖父母や親類と品定めする姿も多い。コーナーを開設以来、同店の売り上げは順調に伸びている。

*

日本玩具協会(東京)によると、2004年度の玩具市場は約8000億円で、このうち知育・教育関連は約1500億円と全体の2割を占めた。統計を取り始めた1999年度に比べ、全体では約971億円減少しているにもかかわらず、知育・教育関連は約193億円増えている。少子化が加速する一方で、親の関心は非常に高く、各メーカーも次々と新商品を発売するからだ。同協会は「入園や入学の贈り物として買うケースも増えている。今後もこの傾向は続く」とみる。

＊

「お母さんが遊んで見せてあげて下さい。子どもが手を出したら興味がある証拠です」。今月初め、神戸市内で開かれた子育て講習会。乳幼児を抱いた母親ら約50人に、絵本と輸入玩具の専門店「キッズいわき・ぱふ」（京都府宇治市）代表の岩城敏之さんが語りかけた。岩城さんは、発達に応じたおもちゃ選びや遊びの環境について各地で講演している。

遊びと子どもの発達は密接に関係している。例えば、赤ちゃんは唇の神経が発達しているため、なんでも口に入れて確かめようとする。幼児期になると、▽立体を作りたい▽きれいな模様を作りたい▽友だちと遊びたい▽社会や自然に興味を持つ——といった成長が見えてくるという。

対象年齢が表示されているものも少なくない。「子どもが興味を示さないと不安を抱く人もいるが、対象年齢はあくまで目安と考えて」とアドバイスする。

「良い遊び道具と出合うことは親の願い。そのためには、今、子どもたちが何ができるのか、何に興味があるのかをわかってあげることが大切。目の前にいる我が子がおもちゃ選びの先生です」

好奇心の芽を伸ばす

（2005年9月17日@松山）

司会　宮崎緑さん（千葉商科大学助教授）
敷村一元さん（松山市中央児童センター児童厚生員）
大日向雅美さん（恵泉女学園大学教授）
神尾米さん（元プロテニス選手）
高山英男さん（子ども調査研究所所長）

◆やりたい意思示した時に

大日向　昔は、習い事は6歳からと言われた。体も記憶力もしっかりしてくる。集団の中での自分の立場や指導者の言うことが分かる年齢でもある。

高山　何歳という絶対的な基準はない。スポーツや音楽、芸術など情操にかかわるものは、3、4歳から一定の刺激を与えると、早く才能が引き出されることがある。一方、社会に対する認識とか、科学に対する興味が持てるようになるのは遅く、その方が本当の才能だということもある。

いつから、どんなことをさせたらいいの?

▼興味を持つものがあれば習い事をさせたい。何歳ごろから、どんなことをさせたらいいのでしょうか。（40歳の母親）

▼2歳の娘はスイミングやリトミックなどに通っていますが、もっと公園や自然の中で遊ばせないといけないのでしょうか。（30歳の母親）

司会　千葉商科大学助教授
宮崎緑さん

子どもを愛することは自分を愛すること。自信をもって子どもと向き合ってほしい。

宮崎　何か習い事をさせているお父さん、お母さんは。

（会場の挙手を求める）。半分ぐらいですね。

会場から　5歳の男の子を、気管支が弱いのでスイミングに通わせています。

会場から　女の子ですが、3歳ごろからバレエとピアノ、スイミングと体操を習わせました。親の仕事の都合もあって今はピアノだけ。

敷村　私も3人の子どもに音楽とかスイミングを習わせた。最終的には、子ども自身がやりたいという意思を示した時が本当のスタートになるのでは。

宮崎　自分から好奇心を持つようになるのは、何歳ぐらいからでしょうか。

大日向　好奇心の定義にもよるが、「これなあに？」と聞くのは好奇心であるのと同時に、答えてくれる親との信頼関係を大事にしているから。生きるのに必要なものを身につけるのが好奇心で、引き出したり、伸ばしたりするものではなく、子どもが自分で発揮するもの。

宮崎　ただ、知らないと興味を持てない。好奇心を持てる環境を整えるのも大事。

大日向　絶対音感とか、英語のLとRの弁別は環境をシャワーのように浴びせることで才能が伸びていく。でも、個人差があり、親の好みもある。やってみてよかったら伸ばす、だめだったらやめるというように、気楽に考えてほしい。

宮崎　自然体験は大切では。

敷村　雨が降ったから出かけるのをやめてビデオを見るのではなく、雨の中を歩いたり、雨を観察したりするだけでもいい。身近な自然の中で一緒に楽しんだり、喜

松山市中央児童センター児童厚生員
敷村一元さん

早期教育ではなく、親子で遊ぶ時間、親子でいろんなことを経験する時間が大切。

元プロテニス選手
神尾米さん

親の犠牲も協力も覚悟も必要。そう簡単に好奇心は伸ばせない。

んだりすることが好奇心を伸ばすことになる。

神尾　小学生の時、ママさんテニスをしていた母と一緒に試合に出るのがうれしかった。楽しそうな母の姿を見て、テニスへの好奇心が芽生えたのかなと思う。

親のエゴ、親の責任

▼一緒に観劇するなどしていますが、最初の一歩が親の強制、エゴになりがちと反省。男の子で高学年ともなると、その一歩さえ拒否されそうで、悩んでいます。（41歳の母親）

▼4歳の長女。サッカーとスイミングを「やめたい」「休みたい」と言い出した時の、親の対応、励まし方を教えてください。（31歳の母親）

◆責任持ってフォローを

神尾　親の強制、エゴは100％悪いこととは思わない。でも、親が責任を持ってフォローしながら育てていくことの覚悟が必要。自分の子どもをテニスのプロにしたいと思ったことはないが、親子3代でテニスができれば楽しいだろうなと、プライベートの練習の時にはコートに連れて行っている。

敷村　自分の気持ちは子どもにはっきり伝えるべき。ただ、思いが強すぎると強制になる。それは怖い。見極めが必要。

大日向　子育ては逆説的に言えば親のエゴでやっているもの。自分はできなかったから、この子にはこれができる人になってほしいとか。親の思いを伝えることにちゅうちょしなくてもいい。この子のためにやっていると

恵泉女学園大学教授
大日向雅美さん

好奇心を伸ばしてあげたいと思うのは子どもを愛する心。細かいノウハウではない。

子ども調査研究所所長
高山英男さん

大人がせっかちに何でも与えず、子どもが内側からエネルギーを発するのを待って。

思わずに、自分が伝えたいことだからと割り切れば、思い通りにならなくても、私のエゴだからと引き下がることもできる。

高山　やめたいと言う時、サッカーやピアノなどが嫌いになったかと言えば、必ずしもそうではない。指導者との折り合いが悪いなど、いろんな要因があるので、せっかちにうちの子はだめと思わなくていい。

大日向　見極めるためにも、やめさせるのではなく、休ませることも必要。やめ時には三つのポイントがある。お金に無理がある。親の生活や仕事に無理がある。子どもが熱を出すなど体で危険信号を出している時。親と子にイライラが生じてくるときは、やめ時、休み時だと思う。

8章

アンケートの結果から見えるもの

今、母親たちは何に悩み、何を求めているのか。声を真摯に受け止め、形ある提案にしたい。そんな思いから、2002年末、大阪、東京など計13回の「相談トーク」参加者を対象に、大規模アンケートを実施した。育児、自分の生き方、夫とのこと……。アンケートのデータと、びっしりと書き込まれた自由回答からは、回答者1030人の母親一人ひとりの思いが伝わってくる。

【調査方法】

・調査期間＝2002年12月
・対象者＝「よみうり子育て応援団」相談トークに参加した全国の母親2323人
・実施方法＝自記式アンケートを郵送
・回収数＝1030人（回収率44・3％）
・有効回答数＝1020人
・回答者内訳＝図1〜4

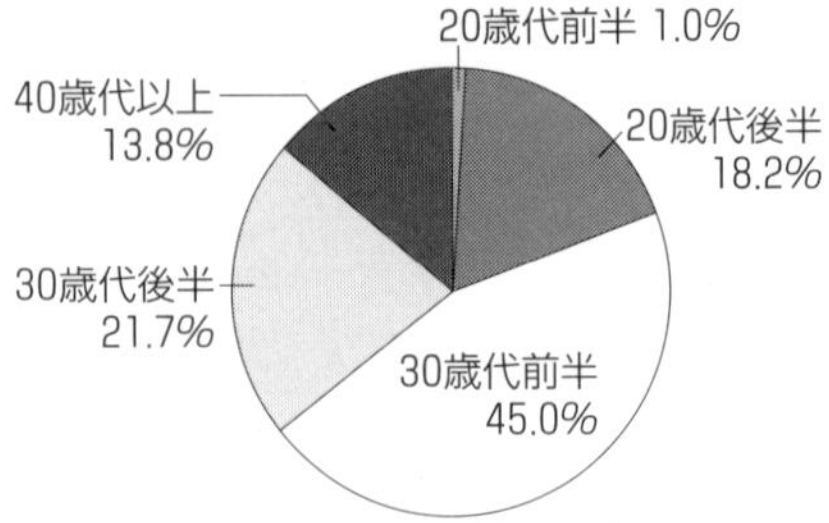

図1　回答者の年齢

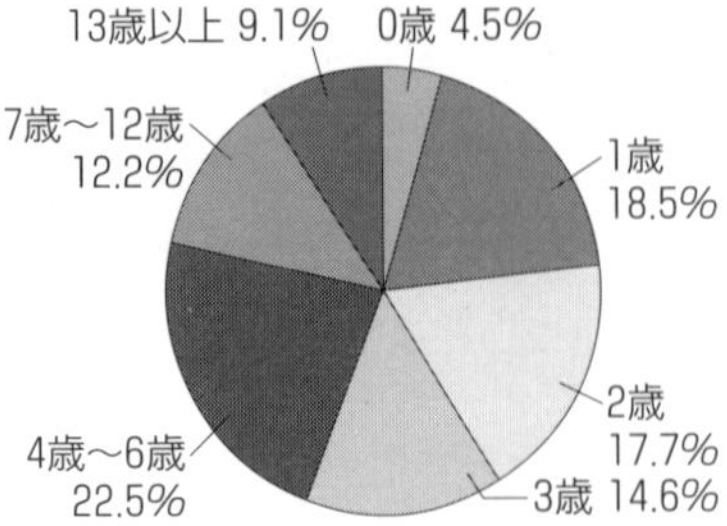

図2　一番上の子の年齢

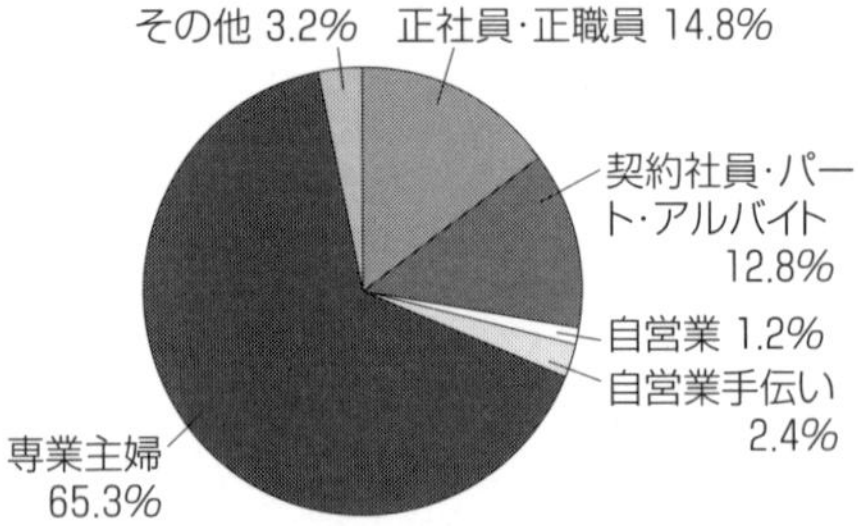

図3　職業形態

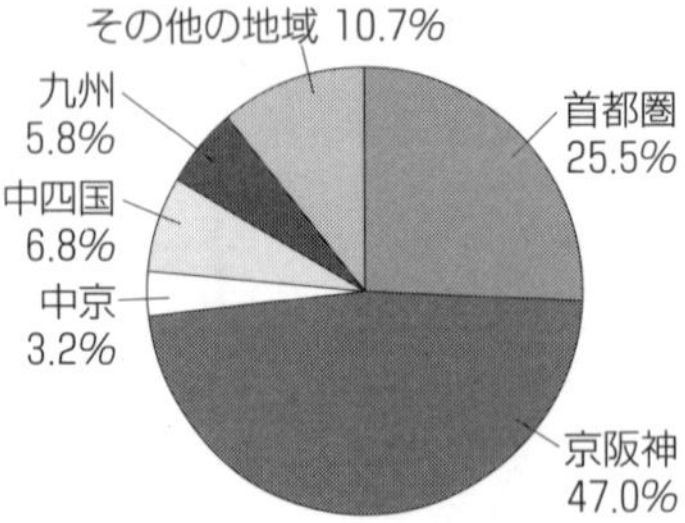

図4　居住地域

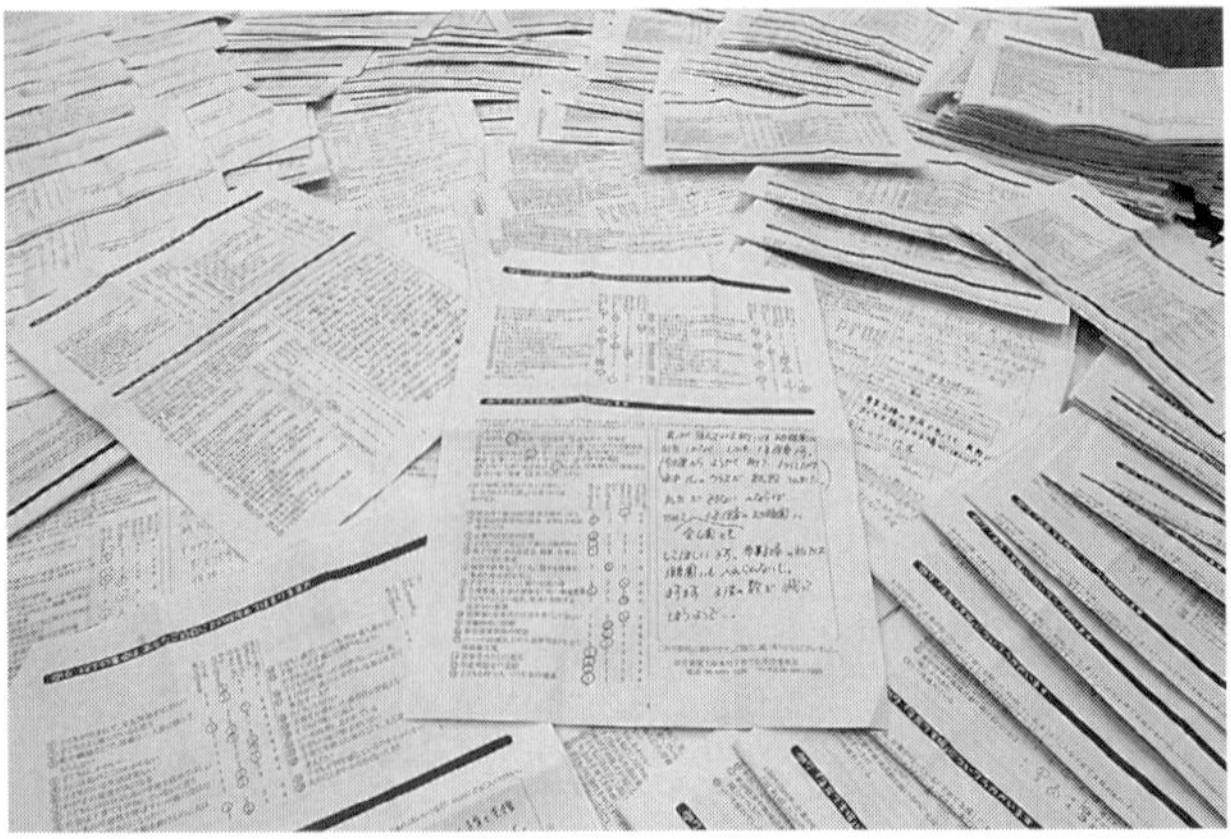

1　母親が求める子育て支援策

政府は2002年9月、出生率の低下を食い止めようと総合的な少子化対策（少子化対策プラスワン）を公表した。アンケートでは、国や自治体、企業などが当時実施・検討していた子育て支援策を16項目挙げ、それぞれどの程度、必要としているかを聞いた。

強く必要とする支援でトップに挙がったのは「子どもだけで遊べる場所作り」（70％）。次いで「児童手当の充実」（69％）、「再就職支援」（66％）など。政府が目玉と位置づけている「育児休業取得の奨励」は55％で、7番目にとどまった。

背景にあるのは街の状況だ。別の質問で「子どもだけで遊べる場所がある」と答えた人は47％。就学前の子どもとの外出先として44％が「スーパー、商店街」でトップ。就学後の子どもの放課後の遊び場としては「自宅」が55％で最も多く、次いで「友だちの家」（14％）。「公園」は10％にすぎなかった。

また、「社会は子育てを評価していない」「子育て後の自分が見えない」と考える人が多いことを反映してか、就労支援が上位になった。「仕事をしていたがやめた」という人の75％は、その理由として「子育ては自分でしたかった」を挙げた。「やりがいのない仕事だった」とした人は24％しかなかったが、「両立は無理な職場だった」は71％に上り、充実感を感じながら中断したことがうかがえる。このため、80％が「再就職したい」と答えていた。

母親が置かれている状況によって、求める支援に傾向があることもわかった。

「子どものよりよい成長、発達を保障する保育所の整備」（54％、8位）、「緊急時や就労時の延長、夜間を含む保育サービス」（47％、11位）は、一般的に、就業している母親からの支持が強く出た。特に、長時間労働が基本になっている正社員・正職員の62％は、延長保育サービスを求めている。一方で、正社員・正職員の69％がよりよい成長、発達を保障する保育所整備を支持しており、単に預けるだけではなく、子どもによりよい保育環境を求めていた。

また、就労への条件を整えたいとの思いからか、この二つのサービスは専業主婦の中でも再就職したい人の支持も集めていた。

正社員・正職員と専業主婦は同時に「労働時間の短縮」も求めていた。時短は、子育ての負担として「体力的に疲れる」「生活に余裕がなくなる」を挙げた人も支持している。

専業主婦の中でも、再就職をしたい人は、「パートの待遇向上や中途採用を含む再就職支援」（79％）を筆頭に、「企業内託児所の設置」（60％）、「育児休業の奨励」（60％）、「幼稚園と保育所の区別をなくすこと」（36％）など、実際に就労している人とは異なった就労に関する支援を求めている。

子育て支援の柱とされている「総合相談窓口」は41％（12位）、「子育てサークルなど親の交流の場」は33％（15位）といずれも下位だったが、いずれも専業主婦を中心に支持されている。この数年で取り組みが広がったことがあると見られる。実際に、何らかの子育て支援を利用したか、している人は91％に上っていた。

「親子で楽しめる文化事業」（53％）が、9位に挙がった背景には、子どもに楽しくよりよい環境を与えたいという親の気持ちが反映されている。「子どものいる生活は楽しい」「3歳までは育児に専念すべき」

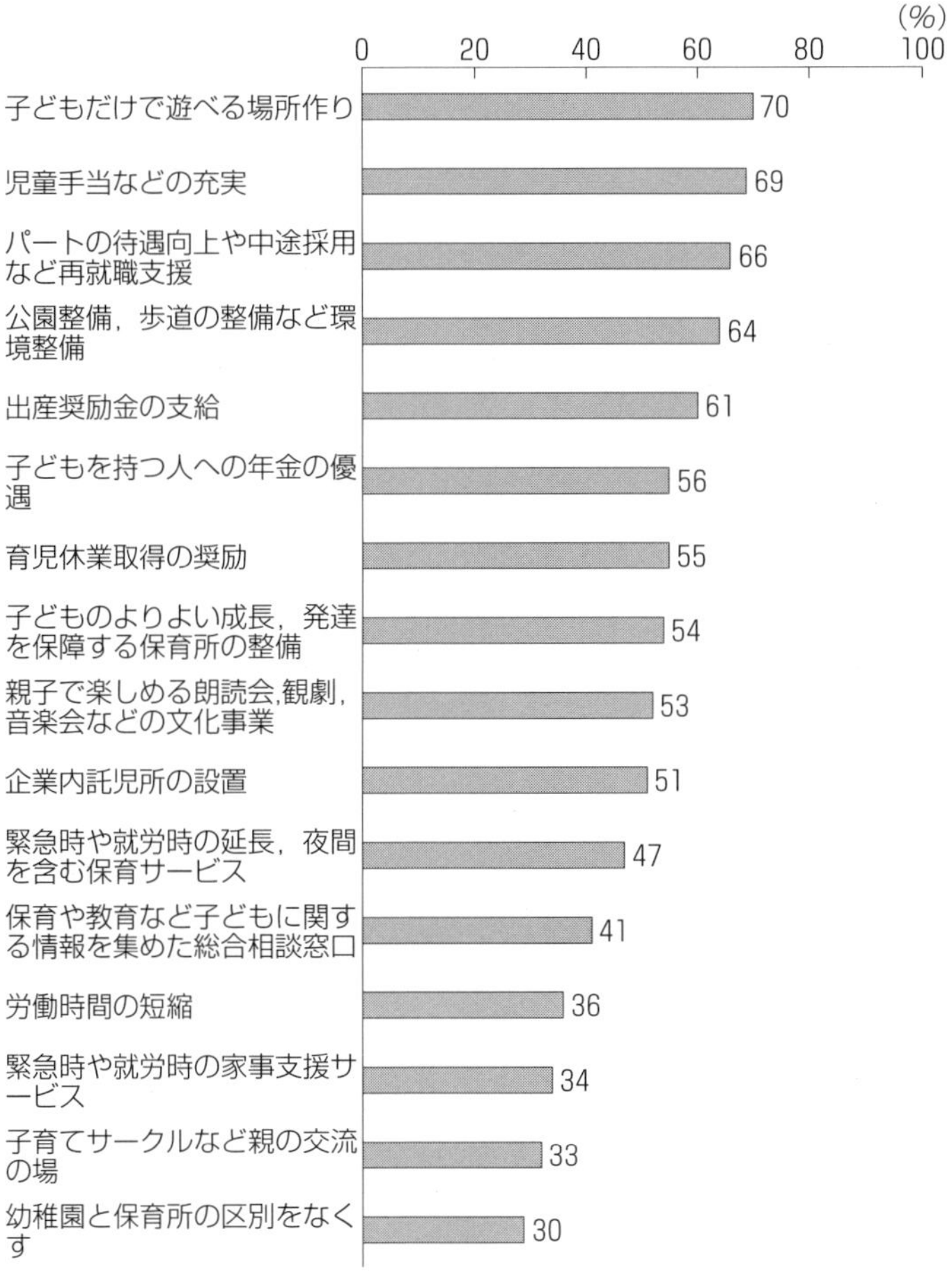

図5　国や地域，企業が子育て支援としてもっと力を入れてほしいと思うもの

「自分より高学歴を」と考える人が求める傾向にあった。

金銭面の支援では、「児童手当などの充実」「子どもを持つ人への年金の優遇」を、子育てで感じる負担として「家計」だけでなく「しつけ」を挙げた人も求めていた。子育てへの負担感や子どもがよりよく育ってほしいという努力に対して、何らかの評価を求めているとも考えられる。

「緊急時や就労時の家事支援サービス」（14位）は、「体力的に疲れる」を負担に挙げた人、「子どもの扱いに困る」とした人が、必要としていた。

2　夫の家事・育児への協力

子育て中の母親にとって、夫の家事・育児協力は不可欠と言われているが、実際はどうなのか。夫の暮らしぶりを聞いたところ、平日の就寝までの在宅時間は平均2時間27分。そのうち、子どもの世話をする時間29分を含め、子どもと過ごす時間は平均59分だった。

そんな中で、夫たちはどんな家事や育児をしているのだろうか。妻から見て、「台所や衣類の片づけをする」夫は47％。「食事の用意」では28％、「預かり先や保育の手配」では14％、「緊急時の連絡先を知っている」のは22％と家事・育児の具体的な場面で、ほとんどが夫は「しない」と評価していた。その理由として「時間がない」（24％）、「妻の役割だと思っている」（16％）、「疲れている」（8％）を挙げていた。

それでも、限られた在宅時間の中で、「子どもとの時間やコミュニケーションをとる」（83％）姿や休日に「妻や子どもと過ごす」（67％）努力を理解し、69％が「家事や育児に協力的」と回答。また、子どものことを話したり、相談したりする相手として夫（88％、複数回答）をトップに選んでいた。

しかし、夫に高い期待や信頼感を寄せながらも、実際に「病気や緊急時に助けてくれる人」として夫を選んだ人は47％どまり。「夫には私のことはわからない」と感じている妻も「とても当てはまる」「やや当てはまる」を含め、49％に上り、家庭内での夫とのすれちがいやいらだちをうかがわせた。

さらに、夫の家事・育児への態度が妻の育児に与える影響を見たところ、「夫は家事・育児に協力的だ」と評価した妻では「子どもの扱いに困る」という設問に対し、「とても当てはまる」とした人は7％だったのに対し、「協力的でない」と評価した人では13％と育児困難感が倍増した。「協力的だ」とする妻では「いつも疲れている」という設問に対し、「とても当てはまる」とした人が16％だったのに対し、「協力的でない」とした妻では、31％と大きく上回った。

また、夫婦関係にも影を落としていることも明らかになった。「協力的だ」と評価した妻では、「夫には私のことはわからない」という設問に対し、「とても当てはまる」とした人は7％にとどまったが、「協力的でない」とした妻では33％に上昇。「やや当てはまる」を含めると、「協力的でない」とした妻の80％が「夫にはわたしのことはわからない」としていた。

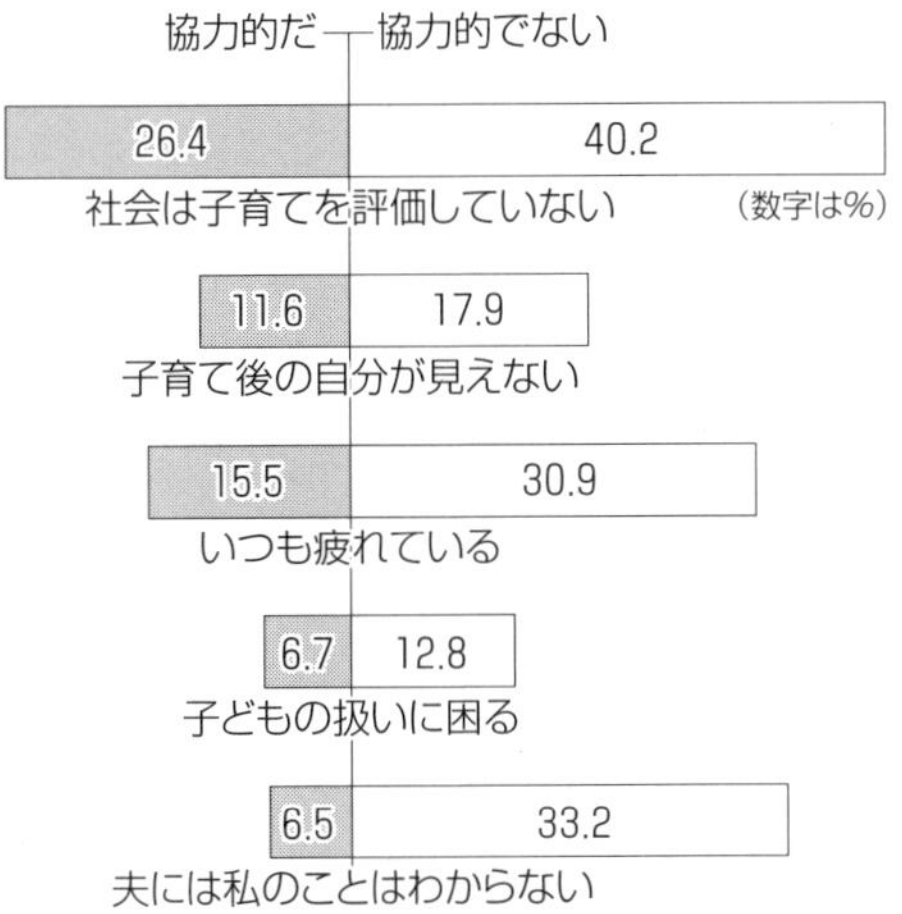

図6　夫の家事・育児への協力が与える妻への影響
「とても当てはまる」と答えた人の割合

夫の家事・育児の具体的な場面で見ても、夫が「子どもとの時間やコミュニケーションをとらない」場合、「やや当てはまる」という回答も含め、60％の妻が「夫のことがわからなくなってきた」としており、「とる」と評価した場合の18％を大幅に上回った。「社会は子育てを評価していない」との思いに対して、「とても当てはまる」とした人は、「協力的だ」とする場合では26％なのに対し、「協力的でない」とする場合では40％と大きな差があった。「やや当てはまる」を含めた場合でも、協力的だとする人は71％なのに対し、「協力的でない」とする人では85％となっており、夫の家事、育児への態度が妻の社会からの疎外感や自己評価などに様々な影響を与えていた。

3　子育てに対する負担感

母親は子どもの成長や家族の絆《きずな》の深まりに喜びを感じながらも、子どものいる暮らしに負担感を持っている。

子育てに負担を感じる時が「ある」とした人は33％。「ときどきある」も含めると約9割が何らかの負担を感じていた。その内容を三つ挙げてもらったところ、「子どものしつけ」（56％）、「体力的に疲れる」（50％）、「生活に余裕がなくなる」（34％）が上位を占めた。

こうした負担感は、子どもの年齢によって異なる。一番上の子どもの年齢別に見ると、「負担がある」と答えたのは0歳で24％。1歳31％、2歳35％と増え、3歳で42％とピークに達した。2歳は子どもの自己主張が見られ、おむつはずしなどのしつけにも親が頭を悩ませるとき。3歳になると、公共の場でのマナーや起床・就寝時間などの生活習慣に加えて、幼稚園入園などを控えて新たな気がかりが増える。

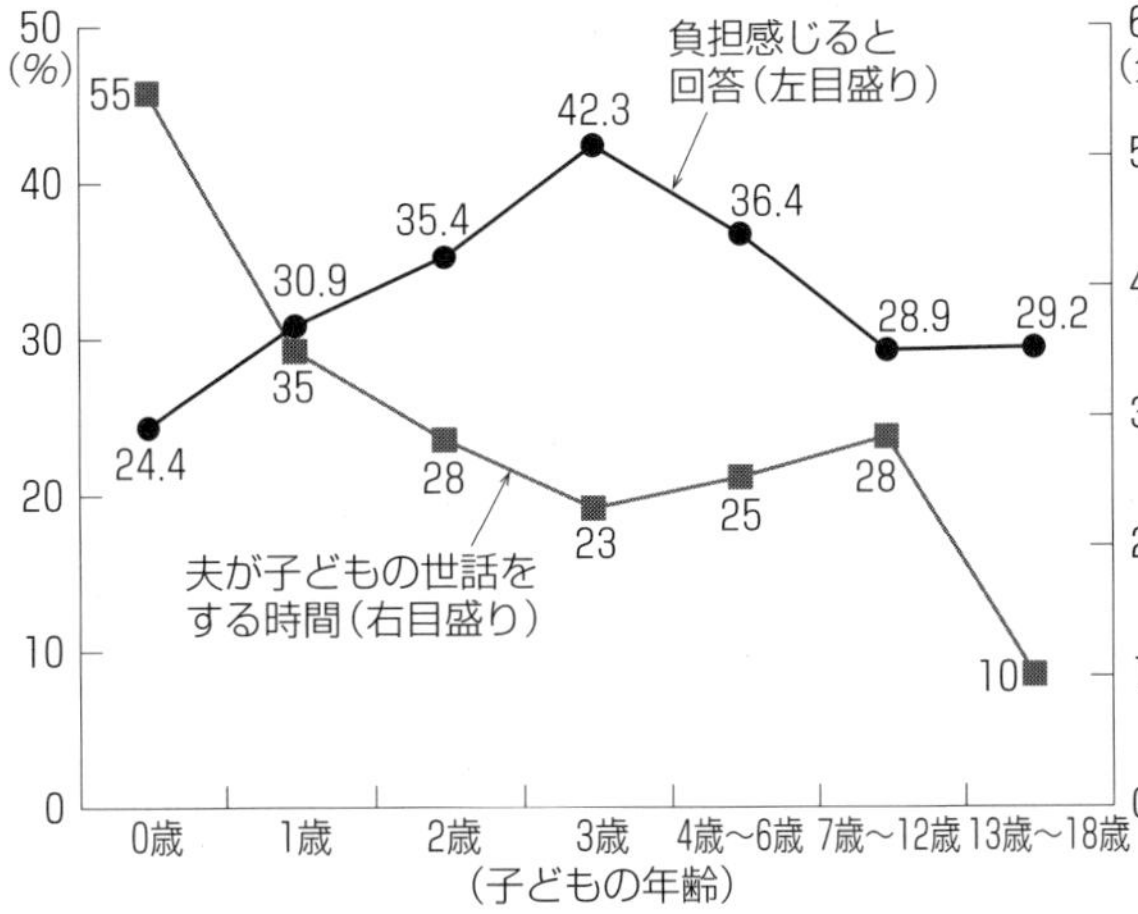

図7　子どもの年齢による子育て負担感と夫の協力時間

一方で、母親の心情を聞いた質問で、「子どもは、かわいい」「子どものいる生活は楽しい」など、子育てを楽しむ気持ちが強い人は、子どもが0歳の時を最高に、3歳で、最低にまで落ち込む。逆に、「社会は子育てを評価していない」「母親は一人前に扱ってもらえない」など、自分の子育ては評価されていないと感じる人は、3歳でピークに達した。

これに対して、夫が子どもの身の回りの世話をする平均時間は、0歳の55分が一番長く、1歳35分、2歳28分と減り続け、3歳で23分と乳幼児期で最も短かった。母親の負担感が強まっているにもかかわらず、夫の協力はあまり得られていないことがわかる。

実際、「夫が家事に協力的」と思う人で負担を感じる時が「ある」としているのは3割なのに対し、「協力的でない」と感じる人は5割が負担を感じていた。「夫には私のことがわからない」「夫のことがわからなくなってきた」と、夫に対して不信感を強く感じる人も、3歳で38％と、子どもが乳幼児期ではピークに達している。

また、肉親以外に子どもに声をかけてくれる人が、地域に「たくさんいる」と答えた人で、負担を感じる時が「ある」としているのは28％なのに対し、「いない」と答えた人は47％が負担を感じている。

さらに、地域活動に「かかわっている」とした人で子育て負担が「ある」と答えたのは32％なのに対し、かかわっていない人は36％が負担を感じており、負担感には、地域とのかかわり方にも影響していることもわかった。

4 母親像——母、妻、私として

母親はどんな思いで、子育てに向き合っているのだろうか。核家族化による孤立や育児困難が強調されがちな現代の母親だが、調査からは子どもを持ったことをきっかけに、交友関係を広げる母親の姿が見えてくる。

地域とのかかわりについて聞いたところ、93％が「子どもに声をかけてくれる大人が地域にいる」とし、58％が同じ年代の子どもを持つ友人や親戚とも週1回以上、行き来していた。子育てサークルやPTAなど58％が地域活動に参加していた。

また、79％が「子どもはかわいい」、65％が「子どものいる生活は楽しい」と回答。その一方で、43％が「子どもの可能性をのばすのは親の役目だ」としており、子どもを持ったことに喜びを感じ、よりよい子育てを模索する懸命な姿が浮かび上がった。

反面、疲労感は強く、66％（「やや当てはまる」を含む）が「いつも疲れている」と感じていた。また、

▶とても当てはまる

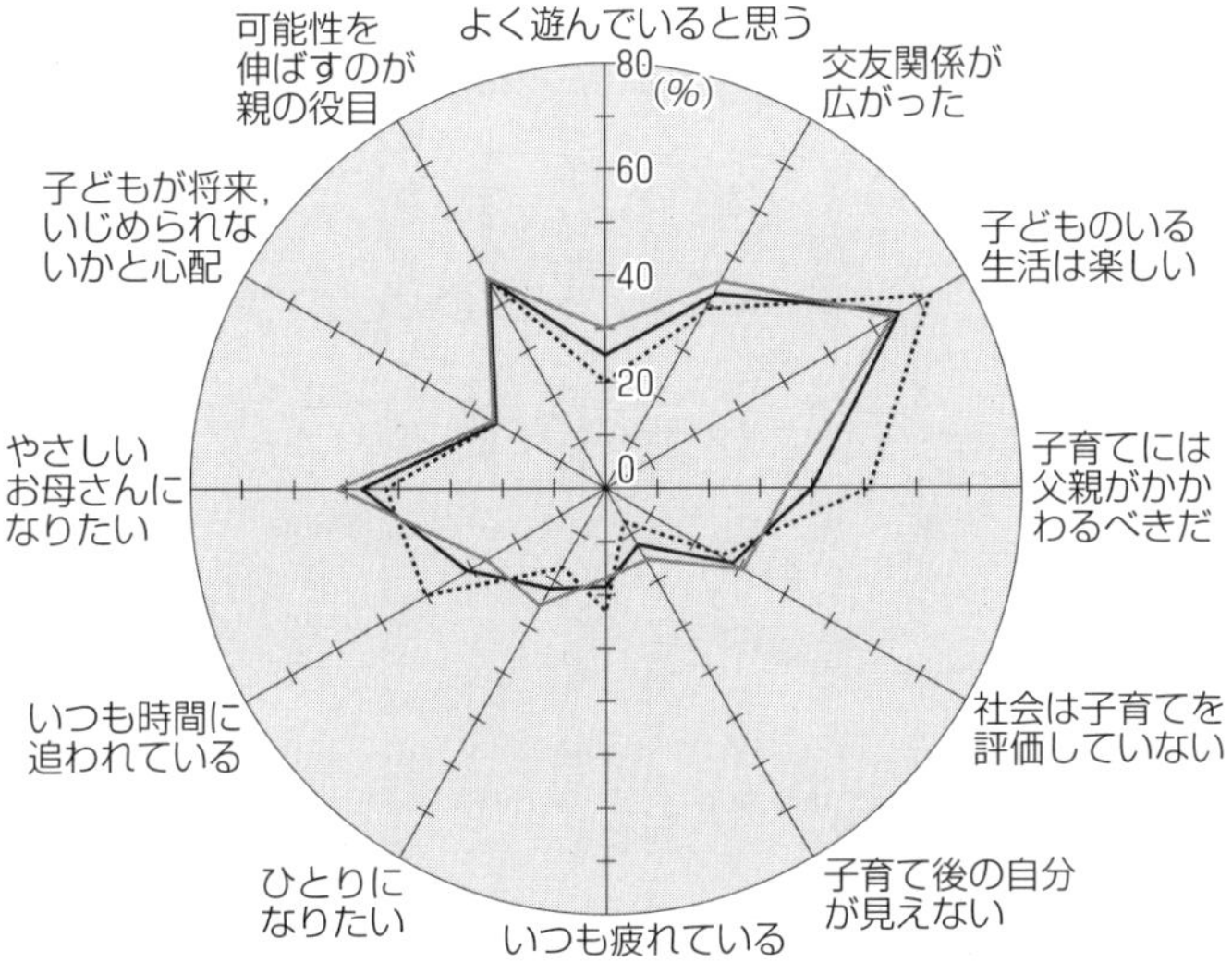
よく遊んでいると思う
交友関係が広がった
子どものいる生活は楽しい
子育てには父親がかかわるべきだ
社会は子育てを評価していない
子育て後の自分が見えない
いつも疲れている
ひとりになりたい
いつも時間に追われている
やさしいお母さんになりたい
子どもが将来,いじめられないかと心配
可能性を伸ばすのが親の役目
80
60
40
20
0
(%)
全体
就業している
専業主婦

▶やや当てはまる

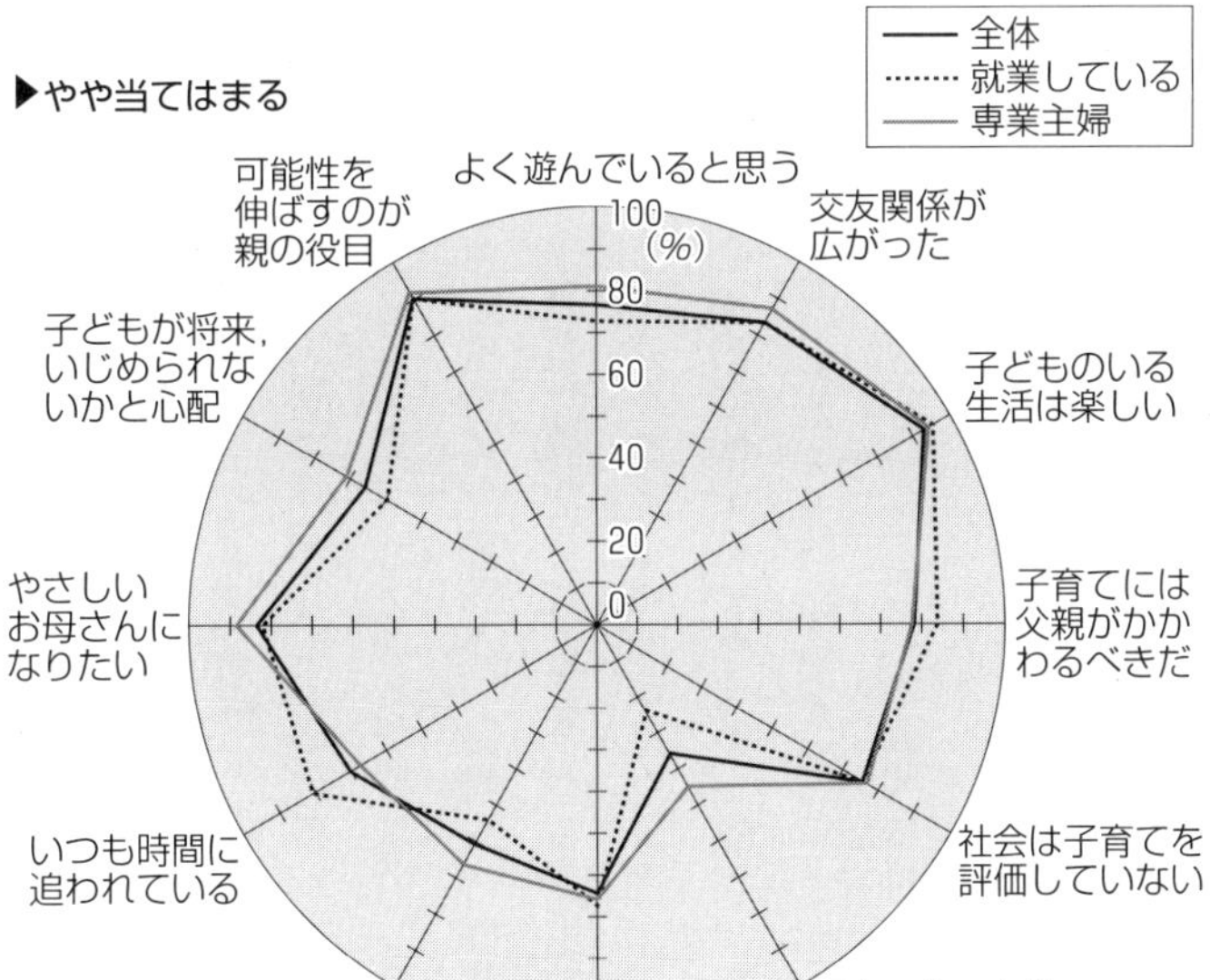
よく遊んでいると思う
交友関係が広がった
子どものいる生活は楽しい
子育てには父親がかかわるべきだ
社会は子育てを評価していない
子育て後の自分が見えない
いつも疲れている
ひとりになりたい
いつも時間に追われている
やさしいお母さんになりたい
子どもが将来,いじめられないかと心配
可能性を伸ばすのが親の役目
100
80
60
40
20
0
(%)

図8　母親の子育てや自分へのイメージ

73％（同）が「社会は子育てを評価していない」と感じており、子育てをする自分に自信が持てない姿も特徴として現れた。

さらに、専業主婦と就業している母親別で見ると、異なる母親像が浮かび上がる。専業主婦では46％が「交友関係が広がった」と感じているのに対し、働いている母親では39％に低下。専業主婦では29％が「子どもとよく遊んでいる」と自分を評価しているが、就業している母親では20％にとどまった。

一方、「子どものいる生活は楽しい」という項目では、専業主婦と就業している母親が逆転する。専業主婦では64％なのに対し、働いている母親では、73％に上った。また、「子どもが将来いじめられないかと心配」とする人も就業している母親では「やや当てはまる」も含め、59％なのに対し、専業主婦では71％。「子育て後の自分が見えない」と感じている人も専業主婦では同45％と就業している母親の約2倍と、専業主婦の間で自分の生き方や子育てに対して、漠然とした不安を抱える傾向が出た。

疲労感を見ても、専業主婦では「ひとりになりたい」（「やや当てはまる」も含め、68％）なのに対し、就業している母親では「いつも時間に追われている」（同82％）という違いが出た。

子育て観でも、「子育てには父親と母親が同じようにかかわるべきだ」という設問に対して、専業主婦では「とても当てはまる」とした人は36％と、就業している母親の52％を下回った。「3歳までは母親は育児に専念すべきだ」と考える人も専業主婦の母親では「とても当てはまる」「やや当てはまる」をあわせて、54％を占めたのに対し、就業している母親では逆に65％が「まったく当てはまらない」「あまり当てはまらない」と回答していた。

また、地域活動に参加している母親は、51％が「交友関係が広がった」と評価しており、専業主婦、就業している母親、全体の各グループの中で最も高い値となった。

少数だが、子育て支援を利用した経験のない母親では、自分の目指す理想の母親像との葛藤《かっとう》の表れからか、「やさしいお母さんになりたい」（59％）という回答が突出した。また、支援利用経験のない母親は、専業主婦、就業している母親、全体の各グループの中で、「子どもには自分より高い学歴を修めて欲しい」（28％）、「子どもの発達が気になる」（47％）という人が最も多く、子どもの接し方や期待、子育てへの不安感が強いという気になる傾向が出た。

5　母親の志向分析

専業主婦、ワーキングマザー、再就職希望者、地域活動の担い手と、現代の「母親」のライフスタイルは多様化している。また、子どもの成長にともない、子育ての悩みも変化する。就労などライフスタイルの違い、子どもの年齢にあわせた子育て支援の可能性を探った。

調査では、まず、「社会は子育てを評価していない」「子どもの可能性を伸ばすのが親の役目だ」など26項目にわたり、母親の子育て観や自己イメージについて質問。その回答を基に、「子育て不安感」「子育てエンジョイ感」「夫との距離感」「理想の子育て志向」「男女共同参画志向」「子育て評価不満」「子育て成果不安」「孤独感」の8つに集約した（表1参照）。その上で、母親のライフスタイル（就業している人、専業主婦の中でも「今すぐ再就職したい」「いつかしたい」人と、「今は考えていない」とする、専業主婦志向が明確な人）、子どもの年齢でどのような傾向があるのかを見てみた。

〈表１〉

	子育て不安感	子育てエンジョイ感	夫との距離感	子育て理想志向	男女共同参画志向	子育て評価不満	子育て成果不安	孤独感	共通性
子育てが終わった後の自分が見えない	0.672	0.02792	0.07199	0.0526	0.101	0.21	0.0522	0.144	0.54
子どもの扱いに困る	0.625	−0.454	0.08136	−0.002929	0.08045	0.01463	0.0875	0.08233	0.625
子どもが何を感じているのかわからない	0.548	−0.234	0.317	0.02495	0.02601	−0.104	0.203	0.08133	0.516
何か落ち着かない	0.509	−0.464	0.06523	−0.01473	0.05886	0.107	0.04354	0.126	0.511
将来いじめられないかと心配	0.483	−0.07069	−0.0136	0.152	0.159	0.17	0.374	−0.08069	0.473
子どもはかわいい	−0.0781	0.845	−0.04242	0.04441	0.02712	−0.06872	0.01044	0.01152	0.73
子どものいる生活は楽しい	−0.153	0.813	−0.123	0.09368	−0.03233	−0.09268	0.04356	0.126	0.725
夫のことがわからなくなってきた	0.265	−0.001832	0.786	0.06188	0.101	0.118	0.003973	0.06613	0.72
夫には私のことはわからない	0.159	−0.08619	0.771	0.04734	0.155	0.282	0.01657	0.04107	0.735
子育て後のことを夫と考えたい	0.146	0.112	−0.645	0.106	0.112	0.105	−0.04306	−0.01008	0.487
子どもの可能性を伸ばすのが親の役目だ	−0.177	0.06443	−0.01181	0.739	0.04576	0.03534	0.233	0.07165	0.645
優しいお母さんになりたい	0.282	0.116	−0.04218	0.685	0.196	−0.05212	−0.05596	−0.02134	0.608
３歳くらいまでは育児に専念すべき	0.133	0.131	0.03363	0.625	−0.306	0.006869	0.05877	−0.112	0.531
妻の仕事や社会活動に夫は協力すべき	−0.02503	0.05804	−0.03335	0.03073	0.79	0.117	0.05309	−0.02695	0.647
子育てには父親もかかわるべき	0.07835	−0.08006	0.12	0.03372	0.759	−0.02429	0.01655	0.0596	0.608
社会は子育てを評価していない	0.02941	−0.08733	0.08258	0.08997	0.184	0.76	−0.0164	0.0848	0.643
母親は一人前にあつかってもらえない	0.161	−0.08506	0.08137	−0.09652	−0.0812	0.752	0.09927	0.009114	0.631
わが子の発達が気になる	0.269	0.177	0.04252	−0.3791	0.05917	−0.03246	0.786	0.166	0.732
自分より高い学歴を修めてほしい	−0.11	−0.138	0.07517	0.281	−0.01701	0.104	0.694	0.166	0.635
交友関係が広がった	−0.01188	0.06149	−0.0635	0.09658	0.009777	−0.01489	−0.02418	−0.87	0.776
子どもの遊び相手がいない	0.375	−0.04999	0.03699	0.08534	0.07062	0.0791	0.07361	0.688	0.642
因子寄与	2.163	1.993	1.825	1.578	1.477	1.394	1.379	1.352	
回転後の負荷量平方和累積%	10.299	19.789	28.479	35.992	43.024	49.66	56.226	62.665	

※主成分分析，バリマックス回転による。

※表中の数値（因子負荷量）が１かマイナス１に近いほど，縦軸の質問項目と，横軸の因子（「不安感」など）との関係が強い。その部分にアミをかけた。

その中で、特徴的に浮かび上がったのは3歳児を持つ母親と「今すぐ再就職したい」とする母親の抱える不満、不安感の高さだ。たとえば、0、1歳児を抱える母親では、子育てで社会や地域から遠ざかった「孤独感」は強いものの、子育てに喜びや楽しさを感じる「子育てエンジョイ感」も強く、母親としての自分を社会が評価しているという自信も持っていた。

ところが、3歳児を持つ母親と「今すぐ再就職したい」とする母親の場合、「孤独感」はそのままで、「子育てエンジョイ感」はマイナスに転じる。社会や地域へのアクセスが満たされないまま、子育てを苦痛に感じている様子がうかがえた。さらに、「子育て評価不満」も高く、社会や地域からの疎外感を感じ、子育てにも自己イメージにも不安定な感情を持つ傾向があった。

この傾向は、就業する、あるいは専業主婦志向が明確になるか、子どもの年齢の上昇にともない、薄れ、安定していくこともわかった。

では、子どもの年齢や母親のライフスタイルは、それぞれ、どんな分野の子育て支援の要求と結びついているのだろうか。

行政や企業が当時実施、検討していた子育て支援16項目に対して、どの程度、必要としているかの回答を分析。児童手当の拡充などを求める「金銭援助型」、再就職支援や労働時間の短縮などを求める「労働

〈表2〉

	金銭援助型	労働環境改善型	ふれあい型	家事・育児援助型	共通性
出産奨励金の支給	0.864	0.151	0.139	0.078	0.794
児童手当などの充実	0.853	0.167	0.134	0.03526	0.774
子どもを持つ人への年金の優遇	0.777	0.07084	0.04565	0.02365	0.611
育児休業取得の奨励	0.145	0.852	0.08031	0.127	0.769
労働時間の短縮	0.0583	0.776	0.05838	0.06414	0.614
パートの待遇向上や中途採用など再就職支援	0.171	0.708	0.127	0.104	0.558
親子で楽しめる文化事業	0.08496	0.06226	0.793	-0.02835	0.64
子育てサークルなど親の交流の場	0.08977	0.124	0.772	0.0945	0.628
子どもに関する情報を集めた総合相談窓口	0.108	0.06817	0.705	0.189	0.549
緊急時や就労時の家事支援サービス	0.115	0.04631	0.173	0.845	0.759
緊急時や就労時の延長，夜間を含む保育サービス	-0.007586	0.22	0.04789	0.84	0.757
因子寄与	2.017	1.959	1.818	1.504	
累積寄与率（%）	19.731	37.544	54.075	67.746	

※主成分分析，バリマックス回転による。

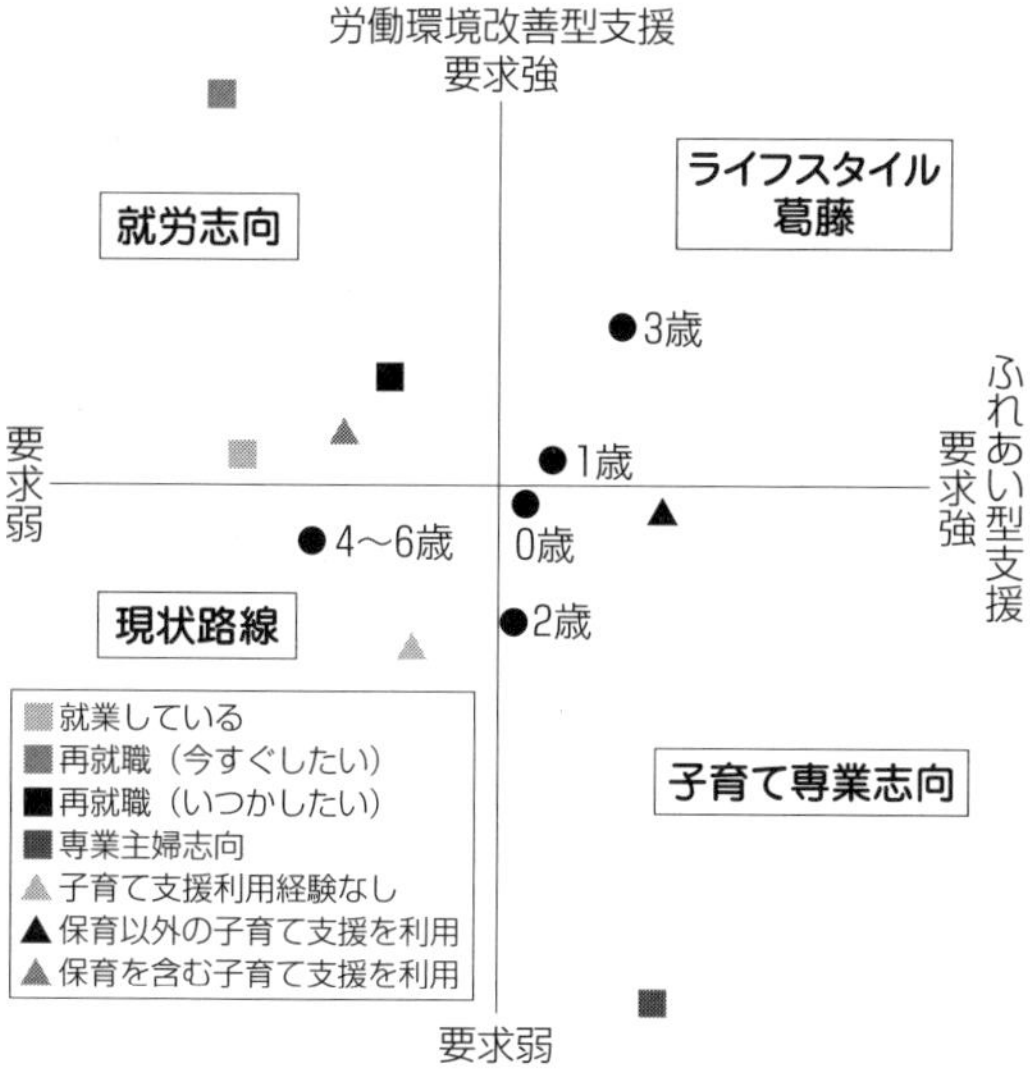

図9　母親のライフスタイル，子どもの年齢と，求める支援の傾向

環境改善型」、子育てサークルや親子サロンなどを求める「ふれあい型」、保育所整備や家事支援サービスを求める「家事・育児援助型」の4つに分類し、探ってみた（表2参照）。

年齢別に見ると、0から2歳の子どもを持つ母親では、このグループに最も強く現れた孤独感にもかかわらず、「ふれあい型」への反応は今ひとつで、逆に、「家事・育児援助型」「金銭援助型」が強かった。新たな家族の出現で、これまでの生活が大きく変化することを反映してか、変化に対応するために、実質的な支援を求めたようだ。

また、3歳児を持つ母親では、「ふれあい型」と「労働環境改善型」双方に強く要求が現れる特徴が現れた。地域の親子や自分の子どもとのふれあいを求める一方、再就職支援など自分の生き方を確立したい。そんなライフスタイルへの葛藤《かっとう》を抱えるこの層に対して、今後、どう支援するかが課題となりそうだ。

一方、ライフスタイル別で見た場合でも、子育て支援への志向はまったく異なる。たとえば、「ふれあい型」に対しては、専業主婦タイプの母親が積極的に反応。行政をはじめ、多くの地域で行われている子育てサークルや親子サロンなどの親子交流の場作りが有効に機能する層であることがわかった。

ところが、「今すぐ再就職したい」「いつか再就職したい」、あるいは、就業している母親では反応は否定的。中でも、「今すぐ再就職したい」母親は、「労働環境改善型」への志向が明確に出ており、親子を対象とした「ふれあい型」の支援ではカバーしきれない層が一定数いることがわかった。

また、再就職志向の母親の間で、「子育て評価不満」が強いことを考えあわせると、この傾向を持つ母親が重点的に求めていた保育の向上、家事支援、労働時間の短縮、再就職支援など、女性、子どもそれぞれの生き方への支援整備が実感できる状況になっていないことをうかがわせた。

【発達と障害を考える本】

シリーズ監修
内山登紀夫（大妻女子大学教授 よこはま発達クリニック）

AB判・各巻平均五六頁・本体一八〇〇円

①ふしぎだね!? 自閉症のおともだち　諏訪利明・安倍陽子編

②ふしぎだね!? アスペルガー症候群［高機能自閉症］のおともだち　安倍陽子・諏訪利明編

③ふしぎだね!? LD（学習障害）のおともだち　神奈川LD協会編

④ふしぎだね!? ADHD（注意欠陥多動性障害）のおともだち　えじそんくらぶ　高山恵子編

○わかりにくい発達障害を中心に、「目に見えにくい障害を理解するための最初の一歩」を目的に作られています。
○よくある事例をイラストやマンガで紹介しているので、楽しく読んで、自然に理解が進みます。
○ふりがなつきで小学生から読め、大人にも読みやすく、親子で、先生と生徒で、一緒に読みながらみんなで考えることができる本です。
○現場で長年支援を続けている先生方の、障害のある子どもたちに向けた温かいまなざしが生きています。

子育て広場
武蔵野市立0123吉祥寺
●地域子育て支援への挑戦
柏木惠子
森下久美子 編著
A5判・二一六頁・本体一八〇〇円

親たちが立ち上げた
おやこの広場びーのびーの
NPO法人びーのびーの 編
奥山千鶴子・大豆生田啓友 編集代表
A5判・二五八頁・本体一八〇〇円

こうすればできるよ！
子どもの運動
●マット・とび箱・鉄棒
山本清洋・住居広士 監修
秋田裕子 著
A5判・一五二頁・本体一八〇〇円

保育スタッフのための
あそびマニュアル
からだを動かすゲーム
山崎律子・廣田治久 編
余暇問題研究所 著
A5判・一四〇頁・本体一八〇〇円

保育スタッフのための
あそびマニュアル
ごっこ（模倣）あそび
山崎律子・廣田治久 編
余暇問題研究所 著
A5判・一四四頁・本体一八〇〇円

わが子をいじめてしまう母親たち
●育児ストレスからキレるとき
武田京子著
四六判・二七二頁・本体一八〇〇円

専業主婦はいま
●多様化と個性化の中で
藤井治枝著
四六判・二〇八頁・本体一八〇〇円

子育てに不安を感じる親たちへ
●少子化家族のなかの育児不安
牧野カツコ著
四六判・一九二頁・本体一八〇〇円

子どもとキャリアどちらもほしい
●30代は二度こない
円より子著
四六判・二二〇頁・本体一八〇〇円

子育て再発見
●それでもやっぱり、子育ては楽しい
山下雅彦著
四六判・二三八頁・本体二二〇〇円

ミネルヴァ書房
http://www.minervashobo.co.jp/

《編者紹介》

読売新聞大阪本社生活情報部

衣・食・住，女性の生き方，働き方，社会保障，医療など幅広い生活にかかわる情報をわかりやすくお伝えすることを心がけています。2002年に発刊50周年を迎えた読売新聞大阪本社では，記念事業の一環として，専門家や子育ての経験のあるメンバーで，「よみうり子育て応援団」を結成し，充実した子育てライフをバックアップするために，東京本社，西部本社と共に各地で「相談トーク」を開催しています。少子化が進む現在，毎週１回の連載「おとな⇄こども」など，子育て世代に役立つ紙面作りを目指しています。

読売新聞大阪本社生活情報部
「よみうり子育て応援団」事務局
〒530-8551　大阪市北区野崎町５番９号
電話　06-6881-7228　　FAX　06-6881-7229
ホームページ　http://osaka.yomiuri.co.jp/ouendan/

もう一人で悩まない!!
よみうり子育て応援団

2006年10月20日　初版第１刷発行　〈検印省略〉

定価はカバーに
表示しています

編　者　読売新聞大阪本社生活情報部
発行者　杉田啓三
印刷者　江戸宏介

発行所　株式会社　ミネルヴァ書房
607-8494　京都市山科区日ノ岡堤谷町１
電話代表（075）581-5191
振替口座　01020-0-8076番

共同印刷工業・清水製本

ISBN4-623-04742-3
Printed in Japan

資料編

1．あなたの町の相談・情報窓口
2．よみうり子育て応援団講師一覧
3．よみうり子育て応援団開催記録（第１～30回）

あなたの町の相談・情報窓口

子どもを預けたい，働きたい，子どもの健康や育児のこと。そんな子育て中の親の思いに対し，様々な相談・情報窓口があります。これまで縁遠かった行政や町の仕組みを知る機会にもなります。うまく利用して，あなたの子育てや生き方に必要な支援や情報を選びましょう。

〈公的相談窓口〉

福祉事務所

子育て家庭，妊産婦，母子家庭，障害児などに対して，地域の福祉サービス情報を提供，アドバイスする総合窓口です。保育所入所への相談や手続きをはじめ，児童手当など各種の手当金などの相談に応じています。全市に最低1か所，政令指定都市の場合，各区に1か所あり，市役所や区役所の中に併設しているのが一般的です。福祉事務所によっては，子育てや子どもの発育などについて相談できる家庭児童相談室を設置しているところもあります。

児童相談所

育児困難，子どもの非行，障害，不登校など，18歳未満の子どもに関する様々な相談を受け付けています。子どもの個別事情に適した援助やアドバイス，保護などをケースワーカーや精神科医，小児科医ら専門家が行います。育児の悩みや子どもの発達に応じる相談電話を常設したり，不登校，引きこもり等の子どもを対象に，大学生が話し相手となる「メンタルフレンド」の派遣事業も行っています。子ども家庭センターなどの名称を使う自治体もあります。

保健所

母子手帳の配布をはじめ，母親学級，健康診断，予防接種など母子の健康，発育に関する指導や相談を行っています。保健師，栄養士，医師が担当します。電話相談窓口のあるところや双子の育児支援，地域の母親をつなぐ活動を行っているところもあります。保健センターなどの名称を使う自治体もあります。

法務局「子ども人権110番」

いじめ，体罰，虐待など子どもの人権に関する悩みや心配に電話で応じます。各都道

府県の法務局に常設されています。

東京　03・5689・0535

大阪　0120・793148（フリーダイヤル）

名古屋　052・952・8110

福岡　092・715・6112

全国一斉ナビダイヤル　0570・070・110

教育センター

不登校やいじめ，子育てなど家庭教育全般に関して，電話や面接での相談に応じています。各都道府県，市町村に設けています。障害児の相談を受け付けている所もあります。

労働基準監督署・各都道府県労働局均等雇用室

労働基準法，男女雇用機会均等法，育児・介護休業法，パートタイム労働法などに基づき，職場のトラブルに対応してくれます。賃金未払いや不当な解雇，パートで働く人の育児休業などについても教えてくれます。

マザーズハローワーク

育児・介護と仕事の両立ができるよう，再就職支援や求人など各種の情報提供を行っています。両立を目指す人のネットワークや再就職を目指す人のための登録制度などがあります。現在，全国に12か所あります。

マザーズハローワーク東京　03・3409・8609（東京都渋谷区）

愛知マザーズハローワーク　052・581・0821（名古屋市中村区）

大阪マザーズハローワーク　06・6632・5503（大阪市中央区）

マザーズハローワーク天神　092・725・8609（福岡市中央区）

〈子どもの暮らし・私の生き方〉

保育所には国が定めた最低基準を満たし，市町村の認可を受けた「認可保育所」と，駅型保育所や企業内託児所などの「認可外保育所」があります。保育所は働いている家庭を対象にしているイメージがありますが，一時保育事業や園庭開放，子育て支援講座など在宅の親子を対象にした事業を行っているところもあります。市町村の担当窓口で確かめてみましょう。

ファミリーサポートセンター

日祝，夜間，延長保育を実施している保育所が近くにない，出産前後や緊急時の保育が必要な時に，育児・介護の地域の助け合い組織としてスタートしました。最寄りのファミリーサポートセンターの窓口は，女性労働協会のホームページ（www. jaaww. or. jp）で検索できます。

㈶21世紀職業財団フレーフレーテレフォン

各都道府県に設置しています。電話で育児・介護や家事に関する地域の支援情報を提供，相談にのってくれます。

幼稚園ねっと（www. youchien. net）

幼稚園の園長らで作るホームページ。幼稚園選びのポイントや育児情報を発信。

i－子育てネット（www. i-kosodate. net）

全国の保育所，子育て支援に関する情報が検索できます。

認可保育所，保育関連団体　日本保育協会　03・3486・44312

全国私立保育園連盟　03・3865・3880

全国保育団体連絡会　03・3399・3901

幼稚園　全日本私立幼稚園連合会　03・3237・1080

学童保育　全国学童保育連絡協議会　03・3813・0477

夜間保育　全国夜間保育園連盟　06・6607・2220

病児保育　全国病児保育協議会　097・567・0050

駅型保育など　㈶子ども未来財団　03・6402・4820

〈子育てがつらい・子どもの健康〉

育児，しつけ，虐待に関すること

子どもの虐待防止センター　03・5374・2990

（月―金，午前10時から午後5時　土曜日，午前10時から午後3時）

CAPNA（子どもの虐待防止ネットワーク・あいち）ホットライン

052・232・0624（月―土，午前10時から午後4時）

子どもの虐待ホットライン　06・6762・0088（月―金，午前11時から午後5時）

中毒110番

タバコや化学物質，医薬品の誤飲で起きる急性中毒に関する情報を提供。

大阪　0990・50・2449（24時間）

つくば　0990・52・9899（午前9時から午後5時）

難病の子ども支援全国ネットワーク

難病と闘う子どもたちとその家族を支えるため，各種相談に応じるほか交流事業を行う。

電話相談室　03・5840・5973（月—金　午前11時から午後3時）

〈地域の子育てサークル，子育てに関する活動を知りたい〉

日本子どもNPOセンター　03・3556・3456

地域で活動する子育て支援や子ども関連の活動団体の交流や情報発信を行っている。ニュースレターあり。

こころの子育てインターねっと関西　07457・5・0298

地域で子育てサークルを主催する親や社会教育，医師，カウンセラー，保育士ら専門家が一緒に活動する団体。関西を拠点に，全国にある子育てサークルネットワークや地域支援のよりよい運営のありかたなどに，取り組んでいる。ニュースレターあり。

子ども情報研究センター　06・6634・1891

親子のふれあい広場や各種講座，地域の子育て支援，子どもの権利など幅広い活動とテーマに取り組んでいる。機関誌・月刊「はらっぱ」を発行。

ファミリー子育て何でもダイヤル　06・6634・1235（水・午前10時から午後9時）。

よみうり子育て応援団講師一覧

（50音順，2006年８月現在／各回相談トークの部分では，開催時の肩書で記載）

赤井英和	俳優
アグネス・チャン	歌手
石坂啓	漫画家
石塚和子	石塚助産院院長
市原悟子	アトム共同保育園園長
稲垣由子	甲南女子大学教授
井上敏明	六甲カウンセリング研究所所長
井上寿茂	住友病院小児科主任部長
岩城敏之	KID'S いわきぱふ代表
大東めぐみ	タレント
大日向雅美	恵泉女学園大学大学院教授
大森一樹	映画監督
大八木淳史	元ラグビー日本代表
桂小米朝	落語家
木戸口公一	大阪府立母子保健総合医療センター企画調査部長
河野真理子	キャリアネットワーク会長
小林登	国立小児病院名誉院長
小林美智子	大阪府立母子保健総合医療センター成長発達科部長
子安増生	京都大学教授
坂本廣子	料理研究家
佐々木かをり	イー・ウーマン社長
佐藤友美子	サントリー次世代研究所部長
汐見稔幸	東京大学大学院教授
祖父江鎭雄	関西女子短期大学教授
高山英男	子ども調査研究所所長
田中文子	子ども情報研究センター所長
千葉紘子	歌手
中村正	立命館大学教授
浜美枝	女優
久田恵	ノンフィクション作家
肥田美代子	童話作家
宮崎緑	千葉商科大学教授
吉永みち子	ノンフィクション作家
頼近美津子	コンサートプランナー
蓮舫	政治家・参議院議員
渡辺和恵	弁護士

よみうり子育て応援団開催記録（第１～30回）

（＊印の回は本書に掲載）

開催回	日時	テーマ・会場	講師
〈第１回〉大　阪①	2001年 11月23日(祝)	(テーマ) 「子育ての日々の悩み」 (会　場) 大阪府立女性総合センター 「ドーンセンター」	小林登 子安増生 久田恵 佐藤友美子 田中文子 大東めぐみ 頼近美津子
〈第２回〉高　松	12月14日(金)	(テーマ) 「初めての赤ちゃん」 (会　場) 香川県社会福祉総合センター	石塚和子 秋田裕司 石坂啓 松野明美 長友大輔 片岡三佐子
〈第３回〉*大　津	2002年 1月27日(日)	(テーマ) 「夫と妻と子育てと」 (会　場) 滋賀県立県民交流センター 「ピアザ淡海」	大日向雅美 大森一樹 大八木淳史 木戸口公一 鹿田由香 蓮舫
〈第４回〉広　島	２月24日(日)	(テーマ) 「食べること，大事にしたい」 (会　場) 広島国際会議場	浜美枝 達川光男 井上寿茂 坂本廣子 祖父江鎮雄 渡辺由恵
〈第５回〉*千　葉	３月16日(土)	(テーマ) 「飛んでけ！　育児ストレス」 (会　場) メディアパーク市川	汐見稔幸 小西行郎 菅原ますみ 長崎宏子 宮崎緑
〈第６回〉*神　戸	４月29日(祝)	(テーマ) 「仕事・これからの私」 (会　場) 読売神戸ビル２階ホール	アグネス・チャン 伊田広行 河野真理子 田中文子 長谷川貴彦 頼近美津子
〈第７回〉*奈　良	５月18日(土)	(テーマ) 「思春期と向き合う」 (会　場) 学園前ホール	井上敏明 大八木淳史 千葉紘子 中村正 渡辺和恵 桂小米朝
〈第８回〉福　岡①	６月23日(日)	(テーマ) 「子育ての悩みと処方せん―健康管理としつけを中心に」 (会　場) アクロス福岡４階国際会議場	坂本廣子 平田喜代美 丸野俊一 トコ 白川嘉継 蓮舫
〈第９回〉姫　路	７月13日(土)	(テーマ) 「遊ぶこと，楽しんでますか？」 (会　場) イーグレひめじ３階 「あいめっせホール」	市原悟子 岩城敏之 子安増生 宮崎緑 大東めぐみ

〈第10回〉名古屋	9月28日(土)	(テーマ) 「育児としつけ」 (会　場) 今池ガスホール	大森一樹 大八木淳史 浜美枝 吉永みち子 久徳重和 頼近美津子
〈第11回〉*和歌山	10月14日(祝)	(テーマ) 「子育て・祖父母の出番は？」 (会　場) 和歌山ビッグ愛	石坂啓 稲垣由子 高砂浦五郎 中村富子 山縣文治 大東めぐみ
〈第12回〉埼　玉	10月19日(土)	(テーマ) 「上手なほめ方，しかり方」 (会　場) さいたま市 「埼玉県県民健康センター」	榊原洋一 大日向雅美 香坂みゆき 師岡章 宮崎緑
〈第13回〉*大　阪②	11月17日(日)	(テーマ) 「しかる・みんなどうしてるの？」 (会　場) 大阪府立女性総合センター 「ドーンセンター」	赤井英和 小林登 小林美智子 高江幸恵 吉永みち子 蓮舫
〈第14回〉はんしん	2003年 2月23日(日)	(テーマ) 「楽しみ　だけど不安　入園，入学」 (会　場) 宝塚市立文化施設 「ソリオホール」	子安増生 佐々木かをり 鳳蘭 大東めぐみ 桂小米朝 田中奈智子
〈第15回〉*京　都①	5月10日(土)	(テーマ) 「子育てコストとライフスタイル」 (会　場) 京都市女性総合センター 「ウイングス京都」	アグネス・チャン 岩城敏之 荻原博子 橘木俊詔 頼近美津子
〈第16回〉横　浜	5月24日(土)	(テーマ) 「賢く乗り切る　反抗期」 (会　場) 横浜市開港記念会館	広岡守穂 大東めぐみ 柴田愛子 清家洋二 宮崎緑
〈第17回〉*福　山	6月21日(土)	(テーマ) 「どうする？　子どものなかまづくり」 (会　場) 広島県民文化センターふくやま	大森一樹 高山英男 久田恵 渡辺和恵 蓮舫
〈第18回〉福　岡②	8月31日(日)	(テーマ) 「こころの悩み　からだのなやみ」 (会　場) アクロス福岡4階国際会議場	大谷鮎子 金柿謙治 久保千春 長濱光古 曳野晃子 山際千津枝 頼近美津子
〈第19回〉*松　江	9月20日(土)	(テーマ) 「地域の中の子育て」 (会　場) 島根県立産業交流会館 「くにびきメッセ」	大日向雅美 宮崎緑 吉永みち子 芦沢隆夫 中川一男
〈第20回〉阪　神	2004年 3月6日(土)	(テーマ) 「子どもの甘え，どこまで認める？」 (会　場) 尼崎市総合文化センター 「アルカイックホール・オクト」	アグネス・チャン 岩堂美智子 大八木淳史 北島尚志 頼近美津子

〈第21回〉東　京	5月29日(土)	(テーマ) 「赤ちゃんと話そう」 (会　場) 曳舟文化センター	大日向雅美 奥山佳恵 大伴潔 田中尚人 宮崎緑
〈第22回〉彦　根	9月25日(土)	(テーマ) 「本の楽しみ広げたい」 (会　場) ひこね市文化プラザ 「エコーホール」	安藤哲也 子安増生 高田万由子 永田萠 大東めぐみ
〈第23回〉大　阪③	11月6日(土)	(テーマ) 「向きあってますか　お父さん」 (会　場) 大阪府立女性総合センター 「ドーンセンター」	赤井英和 石坂啓 小崎恭弘 牧野カツコ 宮崎緑
〈第24回〉京　都②	2005年 4月16日(土)	(テーマ) 「目を向けよう！　子どもの安全」 (会　場) 京都教育文化センター	井上眞理子 大八木淳史 緒方かな子 横矢真理 桂小米朝
〈第25回〉*松　山	9月17日(土)	(テーマ) 「好奇心の芽を伸ばす」 (会　場) 松山市総合福祉センター	大日向雅美 神尾米 敷村一元 高山英男 宮崎緑
〈第26回〉大　阪④	11月12日(土)	(テーマ) 「本音で語ろう　仕事と育児」 (会　場) 大阪府立女性総合センター 「ドーンセンター」	黒瀬友佳子 久田恵 前田信彦 山本健慈 頼近美津子
〈第27回〉札　幌	11月19日(土)	(テーマ) 「育児ストレスに負けないで」 (会　場) 札幌パークホテル	榊原洋一 南部春生 大東めぐみ 小野わこ 宮崎緑
〈第28回〉*岡　山	2006年 5月21日(日)	(テーマ) 「みんな違うよ　成長の歩み」 (会　場) 岡山コンベンションセンター 「ママカリフォーラム」	岡田晴奈 子安増生 セイン・カミュ 山縣威日 頼近美津子
〈第29回〉富　山	9月2日(土)	(テーマ) 「ほめる，しかる　どうしてる？」 (会　場) 富山県民共生センター 「サンフォルテ」	榊原洋一 石坂啓 大八木淳史 伊東真理子 大東めぐみ
〈第30回〉堺（予定）	10月29日(日)	(テーマ) 「支えていますか？　夫　なかま　地域」 (会　場) 堺市総合福祉会館	大日向雅美 奥村仁美 亀山房代 小林登 宮崎緑